Lh 4.
183.

BIBLIOTHÈQUE DE TOUT LE MONDE

HISTOIRE

DE LA

GUERRE D'ITALIE

PAR

M. L'ABBÉ MULLOIS

PREMIER CHAPELAIN DE L'EMPEREUR

Ire Série.

Le maréchal Mac-Mahon.

PARIS
A. JOSSE, LIBRAIRE-ÉDITEUR
5, RUE CASSETTE, 5.
Bureaux de la *Gazette des Campagnes.*

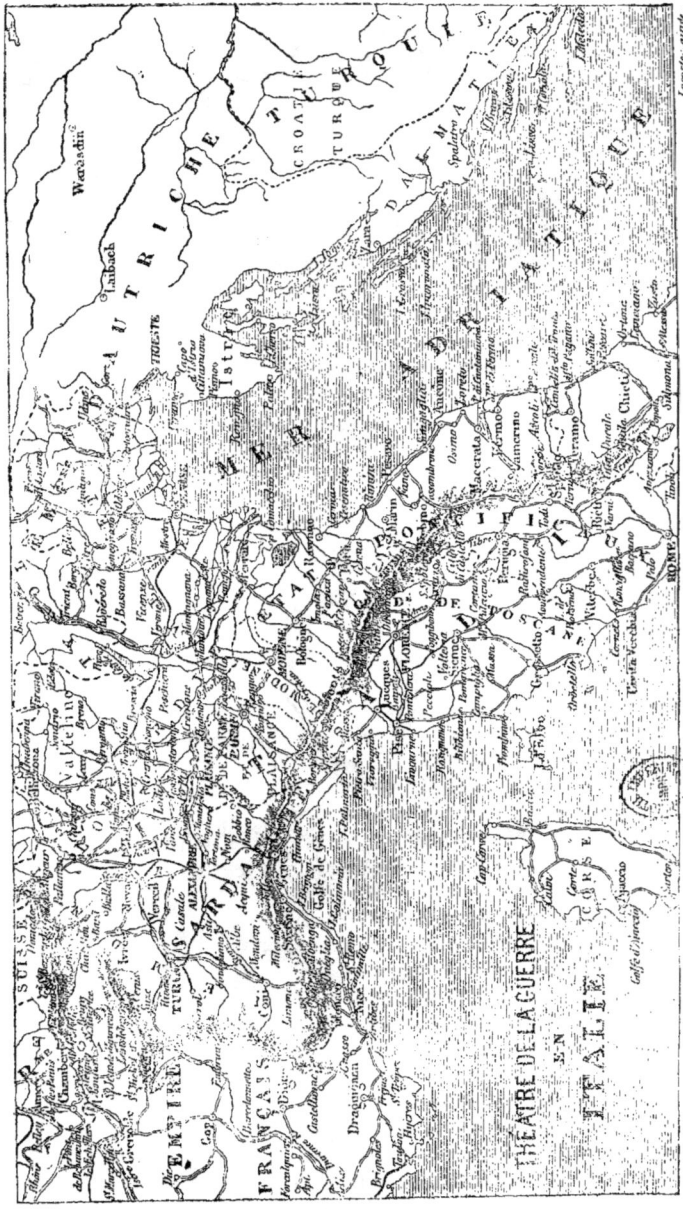

THÉATRE DE LA GUERRE EN ITALIE

HISTOIRE

DE LA

GUERRE D'ITALIE

IMPRIMERIE DE BEAU, A SAINT-GERMAIN-EN-LAYE.

HISTOIRE

DE LA

GUERRE D'ITALIE

PAR

M. L'ABBÉ MULLOIS

PREMIER CHAPELAIN DE L'EMPEREUR

PARIS

A. JOSSE, LIBRAIRE-ÉDITEUR

5, RUE CASSETTE, 5.

Bureaux de la *Gazette des Campagnes*.

1859

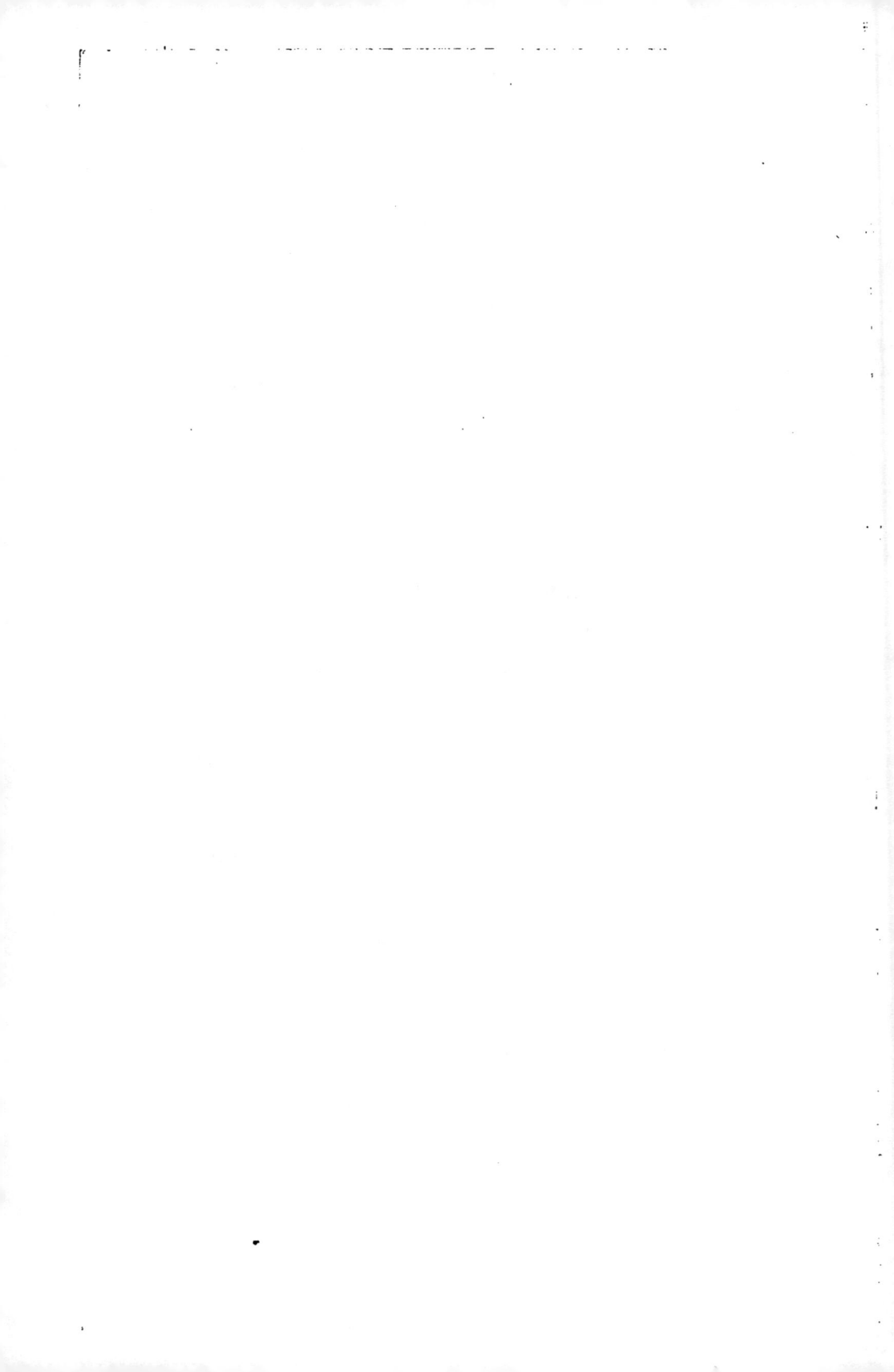

AU PEUPLE ET A L'ARMÉE.

HISTOIRE POPULAIRE DE LA GUERRE D'ITALIE

PREMIÈRE SÉRIE.

CHAPITRE IER.

Commencements de la guerre.

Il y a quelques années, chers lecteurs, nous faisions ensemble l'*Histoire de la guerre d'Orient;* après avoir déposé la plume qui raconte les batailles, nous avons pris la plume qui raconte les misères et les traits de charité : nous pensions ne pas sortir sitôt de ce domaine, mais la Providence et les événements en ont disposé autrement. Nous allons donc faire ensemble l'histoire de la guerre d'Italie : pourquoi n'auriez-vous pas aussi votre histoire de la guerre? Est-ce que ce ne sont pas vos fils, vos frères, vos parents qui combattent et qui triomphent? Est-ce que vous n'avez pas aussi un cœur français ?

Tout d'abord, nous allons entrer dans les faits. La diplomatie n'est pas de notre domaine, puis elle n'est pas toujours très amusante. Quelques mots suffiront pour nous indiquer le point de départ des événements.

On sait que l'Autriche possède cette partie de la haute Italie connue sous le nom de royaume Lombardo-Véni-

1

tien; or, sa domination est loin d'être paternelle, bien des plaintes se sont élevées, sans parler de celles que la peur refoulait dans les poitrines ; de plus, elle exerçait une toute-puissante influence sur les duchés de Toscane, de Modène et de Parme: il y avait donc là un danger pour la paix de l'Europe et même une sorte de foyer de révolutions.

La France en a averti l'Autriche : celle-ci n'a tenu aucun compte de cet avertissement ; alors l'Empereur a menacé de se servir de l'épée. A cette menace, les grandes puissances de l'Europe sont intervenues ; elles ont demandé la réunion d'un congrès pour arranger le différend : l'Empereur l'a accordé ; on lui a demandé le désarmement général avant la réunion; il a encore cédé : preuve de son amour de la conciliation. Les choses en étaient là, tout le monde commençait à espérer la paix, quand l'Autriche a signifié subitement au Piémont, notre allié, qu'il eût à désarmer, lui seul, sous trois jours, ou que son territoire serait envahi. Le Piémont, naturellement, n'a pas voulu, n'a pas pu accéder à ces conditions ; il s'est tourné vers la France, il a invoqué son secours, et la France a répondu : Me voilà, moi et mes bataillons.

Du reste, ces faits se trouvent magnifiquement expliqués et résumés dans la proclamation de l'Empereur à la France.

« Français,

» L'Autriche en faisant son entrée sur le territoire du roi de Sardaigne ,

notre allié, nous déclare la guerre. Elle viole ainsi les traités, la justice et menace nos frontières. Toutes les grandes puissances ont protesté contre cette agression.

» Le Piémont ayant accepté les conditions qui devaient assurer la paix, on se demande quelle peut être la raison de cette invasion soudaine. C'est que l'Autriche a amené les choses à cette extrémité qu'il faut qu'elle domine jusqu'aux Alpes ou que l'Italie soit libre jusqu'à l'Adriatique; car dans ce pays, tout coin de terre demeuré indépendant est un danger pour son pouvoir.

» Jusqu'ici, la modération a été la règle de ma conduite ; maintenant, l'énergie devient mon premier devoir.

» Que la France s'arme et dise résolument à l'Europe : Je ne veux pas de conquête, mais je veux maintenir sans faiblesse ma politique nationale ; j'observe les traités, à condition qu'on ne les violera pas contre moi ; je respecte le territoire et les droits des puissances neutres, mais j'avoue hautement ma sympathie pour un peuple dont l'histoire se confond avec la nôtre et qui gémit sous l'oppression étrangère.

» La France a montré sa haine contre l'anarchie ; elle a voulu me donner un pouvoir assez fort pour réduire à l'impuissance les fauteurs du désordre et les hommes incorrigibles de ces anciens partis qu'on voit sans cesse pactiser avec nos ennemis ; mais elle n'a pas pour cela abdiqué son rôle civilisateur. Ses alliés naturels ont toujours été ceux qui veulent l'amélioration de l'humanité, et quand elle tire l'épée, ce n'est point pour dominer, mais pour affranchir.

» Le but de cette guerre est donc de rendre l'Italie à elle-même et non de la faire changer de maître, et nous aurons à nos frontières un peuple ami qui nous devra son indépendance.

» Nous n'allons pas en Italie fomenter le désordre ni ébranler le pouvoir du Saint-Père que nous avons replacé sur son trône, mais le soustraire à cette pression étrangère qui s'appesantit sur toute la Péninsule, contribuer à y fonder l'ordre sur des intérêts légitimes satisfaits.

» Nous allons enfin sur cette terre classique, illustrée par tant de victoires, retrouver les traces de nos pères ; Dieu fasse que nous soyons dignes d'eux !

» Je vais bientôt me mettre à la tête de l'armée. Je laisse en France l'Impératrice et mon fils. Secondée par l'expérience et les lumières du dernier frère de l'Empereur, elle saura se montrer à la hauteur de sa mission.

» Je les confie à la valeur de l'armée qui reste en France pour veiller sur nos frontières, comme pour protéger le foyer domestique ; je les confie au patriotisme de la garde nationale ; je les confie enfin au peuple tout entier, qui les entourera de cet amour et de ce dévouement dont je reçois chaque jour tant de preuves.

» Courage donc, et union ! Notre pays va encore montrer au monde qu'il n'a pas dégénéré. La Providence bénira nos efforts, car elle est sainte aux yeux de Dieu la cause qui s'appuie sur la justice, l'humanité, l'amour de la patrie et de l'indépendance. » NAPOLÉON. »

On avait craint pour la sécurité et la tranquillité du Souverain Pontife Pie IX, au milieu des agitations et des dangers de la guerre d'Italie, on a bientôt été rassuré, par ordre de l'Empereur.

M. le Ministre de l'instruction publique et des cultes écrivit la bonne circulaire que nous allons lire, à laquelle chacun de nos Évêques a répondu en demandant aux fidèles des prières pour la France et pour nos braves soldats. Voici comment parle M. le Ministre.

« Paris, 4er mai.

« Monseigneur,

» La question italienne pouvait être pacifiquement résolue. C'était le désir sincère de l'Empereur, qui l'a manifesté de la manière la plus expressive, en adhérant franchement à toutes les conditions que les grandes puissances médiatrices jugeaient utiles pour le succès du congrès et pour le repos de l'Europe. Mais, au moment même où les difficultés semblaient aplanies, l'Autriche, brisant tout à coup les négociations entamées, a voulu et déclaré la guerre. Elle assume ainsi la terrible responsabilité des événements, et le monde entier jugera sa conduite et ses desseins.

» Il importe maintenant, Monseigneur, d'éclairer le clergé sur les conséquences d'une lutte devenue inévitable. On a beaucoup commenté, suivant des passions et des intérêts divers, le rôle que la France va prendre au milieu des circonstances actuelles. L'Empereur y a songé devant Dieu, et sa sagesse, son énergie et sa loyauté bien connues ne feront défaut ni à la religion, ni au pays.

» Le prince qui a donné à la religion tant de témoignages de déférence et d'attachement ; qui, après les mauvais jours de 1848, a ramené le Saint-Père au Vatican, est le plus ferme soutien de l'unité catholique, et il veut que le chef suprême de l'Eglise soit respecté dans tous ses droits de souverain temporel. Le prince qui a sauvé la France des invasions de l'esprit démagogique ne saurait accepter ni ses doctrines, ni sa domination en Italie.

» Mais dans ce pays où l'oppression étrangère est la cause de souffrances et d'agitations perpétuelles, l'Empereur croit, avec l'expérience et la justice, que le plus grand bienfait pour les gouvernements est de rétablir leur existence indépendante, leur liberté d'action et la possibilité de travailler, sans crainte des bouleversements, au bien-être et au légitime progrès des peuples. Ces idées pratiques, généreuses et chrétiennes, tendent à fonder sur des bases solides l'ordre public et le respect des souverainetés dans les Etats italiens.

» Tels sont les sentiments de Sa Majesté, si souvent révélés par ses actes et qu'elle vient de confirmer dans le noble manifeste adressé à la nation. Ils doivent faire naître dans le cœur du clergé français autant de sécurité que de gratitude. L'Empereur et l'armée seront bientôt en présence de l'ennemi : que Dieu protége la France et l'Empereur ! Cette ardente prière, j'en suis convaincu, Monseigneur, sera celle du clergé tout entier prosterné au pied des autels, et s'associant ainsi aux vœux et aux émotions de la patrie.

» Agréez, Monseigneur, l'assurance de ma haute considération.

» *Le ministre de l'instruction publique et des cultes,*

» ROULLAND. »

L'Empereur a écrit au vénérable Pie IX une lettre pleine d'un dévouement tout filial ; c'est à cette occasion que, s'adressant à un grand personnage, il a prononcé ces belles paroles : « Je viens de faire ma confession de chrétien à un prêtre, je vais faire ma confession d'Empereur au Saint-Père...» Et le souverain Pontife a répondu qu'il avait pleine confiance dans la parole de Napoléon III ; qu'il resterait en pleine sécurité à Rome, tant qu'il y aurait un bataillon français commandé par le général de Goyon. »

CHAPITRE II.

Départ de l'Armée.

C'est le jeudi saint que des bruits très-sérieux de guerre se répandirent dans Paris. Un premier départ de troupes fut résolu pour le soir, à dix heures et demie. Les officiers supérieurs furent invités à dîner à sept heures aux Tuileries. Le dîner fut cordial; au moment du départ l'Empereur embrassa tous les officiers, et l'Impératrice distribua à chacun une médaille de la sainte Vierge pour se mettre sous la protection du Ciel. Tous la reçurent avec un sentiment où il y avait plus que de la reconnaissance pour un précieux souvenir; on vit couler plus d'une larme autour des yeux. Quant aux spectateurs de cette scène, beaucoup pleuraient.

La même scène se renouvela le vendredi saint et les jours suivants. Aussi on remarqua que l'Empereur et l'Impératrice assistèrent au sermon de la Passion avec un recueillement plus profond encore qu'à l'ordinaire; la circonstance était doublement solennelle. Du reste, Leurs Majestés venaient de remplir le devoir pascal. Rien n'est imposant comme l'office du soir aux Tuileries, le vendredi saint : toutes les dames sont en noir avec un voile sur la tête, sans chapeau; pour les hommes, les costumes officiels et les uniformes sont remplacés par l'habit bourgeois, qui les confond tous dans une parfaite égalité devant la croix. On a beau dire, quand on voit tous ces grands, tous ces puissants de la terre humiliés devant le gibet d'un charpentier juif, on ne peut s'empêcher de s'écrier : Il y a là quelque chose, il y a là plus qu'un homme, il y a Dieu.

A chacun des départs de troupes les officiers recevaient donc leur médaille; chaque jour l'Impératrice en faisait bénir et indulgencier une collection, et chaque jour elle les distribuait; c'était pour elle un bonheur et un pieux devoir de donner à chacun ce signe de la céleste protection.

Dans la semaine de Pâques beaucoup de régiments passèrent dans la rue de Rivoli. L'Empereur, l'Impératrice et le Prince Impérial se rendaient à la grille du jardin ou à une fenêtre du pavillon Marsan pour les saluer; le jeune Prince leur envoyait des baisers; inutile d'ajouter que ces troupes faisaient retentir l'air des cris de vive l'Empereur! vive l'Impératrice! vive le Prince Impérial! Une masse d'hommes du peuple accompagnait les régiments jusqu'au chemin de fer; ils portaient les bagages des militaires jusqu'à la gare, pour les soulager. Chaque soldat a, dit-on, sur son dos un poids de trente-six livres, sans compter le fusil. Outre son sac, il a une partie de tente, c'est un piquet ou bâton autour duquel est roulé un coupon de toile. Arrivé au camp, on plante ces bâtons, on ajuste les coupons de toile avec des courroies qui y sont fixées, et voilà un logis pour cinq hommes.

Le dimanche de Pâques au soir il se passait une autre scène :

Une pauvre cantinière, pressentant qu'elle allait partir pour la guerre, avait adressé une pétition à S. M. l'Impératrice, pour placer dans l'orphelinat de Sainte-Eugénie sa fille de six ans, dont elle ne savait que faire. On n'avait pas encore eu le temps de répondre. L'ordre de départ est venu, et la pauvre cantinière ne sait que devenir ; elle prend son enfant par la main, la conduit au numéro 192 de la rue de Rivoli, où se trouvent les bureaux du secrétaire des commandements de Sa Majesté. Il n'y avait personne, et il faut partir le soir. Dans sa détresse elle demande au concierge de se charger de sa fille ; celui-ci, plein de confiance dans la charité de l'Impératrice, accepte ; l'Impératrice en est informée, et des ordres sont donnés pour que l'enfant de la cantinière soit placée à l'orphelinat de Sainte-Eugénie ; le concierge y a conduit lui-même la jeune pensionnaire. Son vieil habit a été remplacé par un bel habit neuf. C'est là que sa mère la retrouvera saine et sauve. Dieu veuille la lui ramener !

Il est une chose que les familles, les mères surtout, apprendront avec bonheur : leurs enfants trouveront sur le champ de bataille les secours et les consolations de la religion ; comme en Crimée, un aumônier sera attaché à chaque division, il accompagnera les soldats partout, sera toujours prêt à réconcilier leur âme avec le Dieu que leur apprirent à aimer leur mère et leur curé.

Du reste, beaucoup de ces braves militaires n'ont pas attendu le danger pour remplir leurs devoirs religieux ; ils ont voulu communier avant de partir pour l'Italie. On cite, entre autres, le trait suivant : Dans une caserne de la banlieue de Paris, la veille du départ, le colonel voyait avec surprise beaucoup de soldats disparaître pour quelques heures ; il en demanda la cause, et il apprit qu'ils allaient se confesser dans les églises des environs. L'officier supérieur jugea sur-le-champ qu'il y avait quelque chose de plus simple et de mieux à faire, c'était de faire venir des prêtres dans la caserne. L'avis fut adopté sur-le-champ, et quelques ecclésiastiques ont dû passer une bonne partie de la nuit à entendre les confessions des soldats.

Le soldat français est gai, mais aussi il est chrétien ; ces deux choses-là vont si bien ensemble ! On aime tant la religion en compagnie d'une bonne gaîté ! Des militaires traversaient le département du Cher pour se rendre à l'armée d'Italie. Or quelques-uns eurent la chance d'avoir leur billet de logement pour le presbytère. Naturellement on dîna bien ; mais quand le corps fut restauré, nos braves songèrent à l'âme. Ils vont chercher les camarades qui logeaient dans le voisinage, forment une escouade respectable, puis viennent trouver le curé et lui disent : « Monsieur le curé, voyez-vous, on est chrétien, on a été élevé chrétiennement, on veut donc se confesser tous avant que d'aller au feu. » Le curé s'est mis de grand cœur à la besogne, il a passé une longue veille, mais il a été enchanté et profondément touché.

Un bataillon de turcos arrivait à Gênes ; on lui offre une église pour s'y caserner : « Non, dit le commandant ; nous autres, *nous allons à l'église pour prier, et pas pour y dormir.* » Et ils couchèrent à la belle étoile. Au fait, c'est un dortoir assez ordinaire pour eux.

M. Duquesnay, curé de Saint-Laurent, à Paris, a formé une école du soir pour les militaires ; on se réunit dans une des chapelles des catéchismes. M. le curé et les vicaires sont eux-mêmes les maîtres d'école. « Or, dit M. Aubineau dans *l'Univers,* l'ordre de partir pour le Piémont est venu, les derniers jours de la semaine sainte, surprendre les corps logés dans cette caserne. M. l'abbé Duquesnay ne voulut pas abandonner ceux que son zèle avait adoptés, et il se rendit avec deux de ses vicaires à la caserne pour entendre les confessions. Le jour de Pâques, dans un grand corridor de sous-sol qui sert de chapelle, la messe a été célébrée et entendue avec piété. Plus de huit cents soldats, autant que le local pouvait en contenir, y assistaient debout et chantant des cantiques. Un grand nombre firent la sainte communion. Quelques corps avaient déjà quitté Paris. Au milieu des sollicitudes de ce brusque départ, les prêtres de la paroisse Saint-Laurent n'avaient pas suffi, et les membres du clergé de Saint-Nicolas-des-Champs, entre au-

tres, étaient venus entendre aussi les confessions. »

Dans le bouleversement d'une caserne au moment où les corps d'armée la quittent, c'était un spectacle attendrissant de voir dans ce corridor, devant l'image du crucifié, les militaires en grand nombre agenouillés autour des prêtres appliqués à absoudre et à bénir.

Tout cela se faisait franchement et sans crainte, car une des grandes bénédictions accordées à l'OEuvre des militaires dans ces dernières années est le renversement de tout respect humain. C'est à l'envi les uns des autres que les soldats veulent profiter des exercices religieux qu'on leur propose, c'est avec une joie extraordinaire qu'ils reçoivent les objets de piété qu'on leur présente, les médailles, les chapelets, les scapulaires mêmes, qu'ils ne craignent pas de porter devant les camarades. Nous ne dirons rien des livres et du nombre prodigieux de *Manuels du soldat,* demandés et reçus avec tant de joie.

Quant aux sentiments religieux du général en chef, l'Empereur, tout le monde les connaît.

Le départ pour la guerre a toujours son côté triste : il parait qu'ici, comme en bien d'autres circonstances, c'est pour ceux qui n'y vont pas. Nos soldats quittent la France avec entrain et gaîté. Beaucoup ont mis leur conscience en paix, et puis vive la joie, si ce n'est vive la guerre ! Les bons mots ne leur manquent pas. Un train arrive à Chambéry, portant des soldats français ; la foule était grande. Un soldat met la tête à la portière et s'écrie : « Est-ce ici qu'on cogne?» Mais il eut bientôt reconnu que ces figures amies n'étaient pas matière à cogner. Quand le sifflet annonça le départ, il s'en dédommagea en criant : « Voyageurs pour l'Autriche et la ligne, en voiture ! »

Toutefois, ce départ est sujet à inconvénients. Le militaire qui va à la guerre a trop d'amis. Or les amis payent à boire, et ça n'est pas sans conséquence. Un soldat avait donc rencontré un peu trop d'amis. Quand il s'agit de gagner le chemin de fer, le pavé de la rue tremblait sous ses pieds, et ses jambes faisaient mine de lui refuser tout de bon leur service. Alors il se mit à marmotter ces mots : « Et dire que ce sont les Autrichiens qui m'ont mis dans un pareil état !... Oh ! les gueux ! ils me le paieront cher ! »

Quant aux zouaves, ce n'est pas de la joie, c'est une fièvre de bonheur qui les transporte. De sa nature, le *zouzou*, comme il s'appelle, n'est pas précisément un grand partisan de la paix ; le repos de la caserne ne lui va pas. Faute d'une grande guerre faite à l'ennemi, il en fait souvent une petite au bourgeois, après l'avoir préalablement décoré du nom de pékin. Un voyage en Italie les a mis en complète liesse. L'un d'eux, en partant de Paris, s'était bariolé la figure avec du jaune d'œuf ; son visage était bien fait pour effrayer l'ennemi. De Paris à Lyon, ils n'ont fait que chanter. A peine arrivés dans la gare, ils se dirigèrent vers la buvette en chantant ce couplet qui n'est pas d'une irréprochable élégance :

> Le vin de Bourgogne
> Met la bonne humeur
> Au cœur.

> Il rougit la trogne
> *Du soldat vainqueur.*

Ils l'eurent bientôt trouvée ; ces choses-là se trouvent plus vite que la maison d'un créancier. Ceux qui ne buvaient pas, car il y a des zouaves sobres, accueillaient les spectateurs par des bons mots. L'un s'écrie : « Qui veut voir l'Autriche gratis? » Et il tire de dessous son manteau une fort belle dinde à moitié plumée. Un deuxième, avec une voix qui bat la mesure : « Train de plaisir pour l'Autriche et les provinces lombardes ! messieurs, prenez vos places ; on ne paie qu'en sortant, si l'on est content... et vivant. » Un troisième, mettant la tête à la portière et faisant ses adieux aux Dijonnais · « Vous nous enverrez de la moutarde, nous vous enverrons des lauriers *en pour* (en échange, terme bourguignon), hein ? »

A Valence, au passage des soldats de l'armée d'Italie, quelques industriels cherchaient à profiter de l'occasion et faisaient payer leurs rafraîchissements au delà de leur valeur. Les religieuses d'une communauté voisine s'en aperçurent ; soudain chacun s'empresse, apporte en abondance du liquide, non sans y joindre du solide. Les soldats étaient ravis.

Nos braves soldats ont été salués, fêtés, hébergés par la population, depuis leurs villes de garnison jusque dans les plaines du Piémont, depuis Paris jusqu'aux avant-postes où ils sont en ce moment, l'arme au bras, attendant le signal que l'Empereur va leur porter.

Il s'est passé à ce sujet des scènes

charmantes dont nous allons donner quelques échantillons :

A Paris, nos braves soldats ne pouvaient suffire aux toasts et aux rasades offerts par l'amitié sur le comptoir d'étain. — Trois troupiers trop fêtés ne peuvent plus marcher et se couchent sur la place de l'Hôtel-de-ville.

Leurs amis comprennent qu'ils ont eu trop d'amitié... Le chemin de fer n'attendra pas, bien sûr....

« Allons, dit un ouvrier, un fiacre pour ces trois braves : j'ouvre une souscription... Un fiacre, c'est trente sous, vous savez... » Là-dessus, l'ouvrier tend son chapeau. En une minute,

Pie IX.

les trente sous y tombent. Un gamin court chercher le fiacre.

» Ça, des bourgeois ? » dit le cocher en regardant les troupiers. « Oh ! ceux-là, je les emmène gratis ; qu'ils gardent leurs trente sous pour arroser la victoire. — Bravo ! cocher, bravo ! » crie la foule. Et le fiacre disparaît.

Sur le boulevard, deux troupiers montent dans un fiacre. « Où allons-nous ? » dit le cocher. — « A la gloire ! » répond celui qui a la langue la plus libre. « Connais pas, » dit le cocher.

» A la gare de Lyon, imbécile ! » lui crie un gamin qui passait par là. A Paris, il y a toujours des gamins pour égayer les scènes de la rue.

Un marin, ayant la médaille de Crimée, avait trouvé un peu trop d'amis. Il s'en allait gaiement dans la rue, quand il rencontre un bon bourgeois ayant l'air le plus pacifique du monde, chapeau en arrière, bras ballants, figure niaise et pas du tout tournée à l'invention de la poudre. « Le chemin de l'Autriche s'il vous plaît, mon brave? lui crie le marin; vous devez savoir cela, vous, vous avez tout à fait la figure tournée à la chose? » Et de rire; puis donnant une tape sur le ventre du bourgeois, il ajouta : « C'est l'histoire de plaisanter, mon brave; à preuve, je vais prendre une prise dans votre tabatière, quoique mon nez n'ait pas de ces habitudes-là; c'est bien assez du bec. »

À Gênes, à Chambéry, dans toutes les villes d'Italie, nos soldats sont reçus à bras ouverts, fêtés, hébergés avec une cordialité enthousiaste. Ils répondent avec une gaîté, un entrain superbe à toutes ces démonstrations. Les zouaves surtout, qui sont campés auprès de Gênes, sont l'objet des attentions les plus chaleureuses de la part des Génois, qu'ils amusent beaucoup par leurs saillies, par les inventions ingénieuses de leur vie africaine et guerrière. Les zouaves sont grands amateurs de comédies; se voyant condamnés au repos pour quelques semaines, ils ont monté un théâtre. À Gênes comme à Sébastopol, à la veille de jouer la tragédie au naturel avec les Autrichiens, ils donnent la comédie à leurs hôtes de la cité génoise. Se battre et s'amuser, voilà tout le zouave, en deux mots.

L'un d'eux écrivait à un de ses amis : « Vraiment, on se plairait beaucoup ici, si nous n'avions rien de mieux à faire : on nous comble de fêtes, de repas et de rasades : il faut être fort comme moi pour garder son équilibre. Mais, que veux-tu! nos armes s'engourdissent au râtelier, j'aime mieux partir pour les avant-postes... et j'espère que ça ne tardera pas. Dame! je crois que les Autrichiens ne perdront rien pour attendre! Le premier coup de torchon qu'il y aura avec eux, sois sûr qu'ils s'en souviendront. Je te raconterai cela dans ma prochaine. Si tu ne reçois pas de lettre, alors, bonsoir, c'est que j'aurai été passer la grande revue là-haut! Sinon, lorsque je passerai général, je te le ferai savoir par la poste de l'endroit. »

Après les zouaves, viennent les *turcos*, ces admirables soldats arabes, que nos chefs militaires ont disciplinés à la française, et qui ajoutent à la précision des manœuvres savantes une rapidité d'évolution, une élasticité de mouvements qui tient de la panthère. Dans les fantasias auxquelles ils s'amusent en attendant la grande partie, on les voit allonger et ramasser leurs corps souples et nerveux, comme des tigres qui jouent avec leur proie. Ils parlent le français avec un accent guttural et traînant qui a beaucoup de grâce. Ce sont eux qui escaladèrent les rochers à pic que personne n'eût songé à défendre à l'Alma, et tombèrent sur les batteries russes, au moment où personne ne s'y attendait. Nous les verrons bientôt en face des Croates!

On écrivait d'Antibes :

« Depuis douze jours, Antibes est

en fêtes. Un empressement général donne chaque jour à cette petite ville de guerre, située sur les frontières du Piémont, un aspect des plus animés, des plus pittoresques. Le passage des brillants régiments de la garde impériale met tout en mouvement. C'est que les habitants d'Antibes, entraînés par un sentiment spontané de patriotisme enthousiaste, ont pris à cœur de recevoir dignement ces intrépides défenseurs de l'indépendance italienne.

» Les chasseurs, les guides, les dragons, les lanciers, les cuirassiers, tous sont partis gaîment de cette ville, fiers et justement glorieux de l'accueil sympathique qui leur a été fait. Chaque famille, chaque habitant a déposé son offrande entre les mains d'une commission nommée à cet effet, et dont le brave colonel Gazan, grand cordon de la Légion-d'Honneur, est le président. Le Champ-de-Mars, entouré d'arcs-de-triomphe, d'arceaux de verdure, de colonnes de feuillage et de fleurs, a été choisi pour salle de rafraîchissements. Officiers et soldats y trouvent les verres pleins, et les belles oranges, les petits gâteaux et les cigares circulent de main en main.

» Un trait bien caractéristique s'est produit l'avant-dernier jour au passage des cuirassiers. C'était vendredi. Dès le point du jour, tout Antibes était sur pied. Dès que le régiment a paru, conduit par son colonel, en l'absence fortuite du général Ameilh, le vénérable aumônier de l'hospice, M. l'abbé Menu, s'est porté à sa rencontre, suivi de tout le clergé, des dames religieuses, directrices du pen-

sionnat, et de leurs plus jeunes pensionnaires, qui portaient une petite couronne d'or, primitivement destinée à la sainte Vierge, précieux talisman qui doit protéger notre Empereur et sa vaillante armée. Ainsi nos pères, les Croisés, partaient pour la guerre sainte.

» La harangue de M. Menu a été courte; mais, pendant qu'il parlait, la physionomie du colonel rayonnait d'une satisfaction indicible. Et quand les jeunes filles lui ont remis la couronne bénite, qu'il a passée aussitôt autour de son poignet, en levant son épée, bien grande a été son émotion, bien belle surtout son attitude guerrière, rehaussée par sa foi chrétienne, quand il s'est écrié: « Oh! merci! mes enfants, pour « l'Empereur et pour mon régiment, merci!... » Alors la foule a débordé et s'est précipitée jusque sous les chevaux. Là, chaque main tendue vers les beaux cavaliers présentait à chacun des bouquets magnifiques. Celui du colonel était un véritable chef-d'œuvre. On y lisait en beaux caractères faits avec des immortelles entourées des plus belles fleurs de la saison : Vive l'Empereur ! Chacun a eu le sien. Plusieurs en ont fait une belle moisson. »

On écrivait de Gênes :

« Les premiers régiments débarqués s'unissent maintenant à la population pour accueillir les nouveaux venus. J'ai assisté hier soir à une réception de ce genre, qui a commencé par un incident de gaîté militaire et toute française. Un superbe vaisseau à trois ponts, amenant les grenadiers et les zouaves de la garde impériale, venait de jeter l'ancre en face du quai de la Quarantaine, sur lequel s'étaient alignées des files de vieux zouaves d'Afrique et de Crimée, armés, en manière d'obus, d'oranges, dont ils avaient fait une razzia dans les étalages d'alentour. Au moment où les canots, remplis de soldats, se sont trouvés à portée, une grêle de pommes d'or, lancées d'une main sûre, est venue fondre sur eux. Déconcertés tout d'abord par cette attaque imprévue, les arrivants, reconnaissant la savoureuse nature des projectiles, ont parfaitement pris et goûté la rafraîchissante plaisanterie de leurs camarades, qui, après leur avoir fait les honneurs de la ville, les ont reconduits à leurs quartiers aux applaudissements de la population.

» Ce matin, je suis allé faire une petite excursion hors des murs jusqu'au camp des tirailleurs indigènes ou *turcos*. Le type fortement accentué de ces fils de l'Atlas et du Sahara, leurs yeux étincelants, leur démarche féline, procédant par bons saccadés ; leurs mains armées de griffes véritables, avec lesquelles, en Crimée, ils déchiquetaient les Cosaques ; leur uniforme musulman, auquel ne manque que le cimeterre, remplacé par le coupe-choux, produisent sur le peuple génois une impression difficile à décrire. C'est un mélange de défiance et de confiance singulièrement combinées. On est enchanté d'en être secouru, mais pas de trop près, et on a trouvé prudent de ne leur offrir qu'une hospitalité modérée extra-muros. Ce sont là des préventions injustes. Le régime militaire a parfaitement apprivoisé ces lions africains, et l'on peut sans danger entrer dans leur cage. Rien de charmant, du reste, comme la vallée de Polcevera, où ils ont établi leur campement dans le vaste lit du plus hydrophobe des torrents italiens. »

On écrivait de Nice :

« Il est impossible de décrire l'enthousiasme avec lequel la cavalerie de la garde impériale et son brave commandant, le général Morris, ont été accueillis à leur passage dans notre ville. L'arrivée de la première colonne était annoncée pour avant-hier au matin. Dès la pointe du jour, la population tout entière en habits de fête se portait sur la route de France, et à dix heures M. le général de Cassaignolles, à la tête du régiment des chasseurs, faisait son entrée à Nice au milieu d'une pluie de fleurs et des acclamations d'une foule immense. La garde nationale avait pris les armes et formait la haie depuis le boulevard du Pont-Neuf jusqu'à la place Saint-Victor. Le soir, le général et l'état-major du régiment ont assisté à un grand banquet qui leur a été offert par l'intendant général et le syndic. Toute la ville a été illuminée.

» Hier, un escadron de ce régiment est parti pour Gênes sur la frégate à vapeur le *Panama*. L'embarquement, favorisé par un temps meilleur et facilité par l'empressement de la population et des autorités locales, s'est effectué dans le plus grand ordre et sans le moindre accident. Les trois autres escadrons ont également quitté Nice, pour se rendre à Menton, où tout était préparé pour les recevoir.

» Quelques heures après leur départ,

le régiment des guides faisait son entrée. L'enthousiasme qui l'a accueilli a encore dépassé celui du jour précédent. Officiers et soldats avaient tous des bouquets. Sur un arc-de-triomphe élevé à *la Croix de marbre* on lisait cette inscription :

« Les compatriotes de Masséna aux » enfants des vainqueurs de Rivoli. »

» A côté s'élevait un vaste buffet où se distribuaient gratuitement des rafraîchissements et des comestibles de toute nature.

» Au théâtre, les applaudissements et les acclamations ont tellement ému tous ces braves soldats, que le lieutenant-colonel n'a pu résister au désir d'exprimer leur reconnaissance. De la loge de l'intendant-général il s'est écrié d'une voix retentissante : « Ha-

Napoléon III.

bitants de Nice ! au nom de la France, au nom de l'Empereur, au nom du régiment, je vous remercie ! Vive l'Italie ! vive l'Empereur ! » Je vous laisse à penser si les acclamations ont dû redoubler. Elles ne cessaient un moment que pour recommencer avec une nouvelle énergie.

» Le temps était magnifique, et les illuminations ont été splendides. Rien enfin n'a manqué à cette admirable fête, dont le souvenir durera longtemps parmi nous.

» Ce matin, à cinq heures, le canon annonçait le départ des guides pour Menton. A onze heures, il annoncera l'entrée du régiment de dragons. »

CHAPITRE III.

Départ de l'Empereur.

C'était le 3 mai, l'Empereur prit congé de la France au pied de l'autel; il assista avec sa maison à une messe dans la chapelle des Tuileries, au milieu d'un recueillement qui allait parfaitement à une si solennelle circonstance. Toute l'assistance répéta trois fois, et c'était du fond du cœur, le *Domine salvum* avec le cardinal célébrant. Sa Majesté est partie emportant sur sa physionomie une expression complète de calme et de confiance, et non sans sa petite médaille de la sainte Vierge. Un aumônier est attaché à sa personne; un de nos collègues, M. l'abbé Laine, l'accompagne : il nous a promis de nous envoyer des nouvelles, avec d'autres aumôniers de l'armée et beaucoup d'officiers; nous en ferons part à nos lecteurs.

Le départ de l'Empereur a été l'objet d'une de ces scènes populaires originales et vraies, grandioses et simples, dont Paris seul offre la vue dans des circonstances rares et solennelles.

L'Empereur est sorti des Tuileries à cinq heures et demie pour se rendre à la gare de Lyon. Il était en calèche découverte, en petite tenue, coiffé d'un simple képi; l'Impératrice seule était avec lui, toute sa brillante escorte était en avant. La foule immense qui encombrait la rue de Rivoli s'est précipitée librement autour de lui, et, d'un bout à l'autre du parcours, elle l'a salué de ses cris, elle l'a poursuivi, enveloppé de son enthousiasme ; elle semblait vouloir fondre son âme dans celle du souverain qui va prendre en main le drapeau de la France. Les vivats, les bravos, les saillies de tout genre éclataient comme un feu roulant : c'était une marée montante de fièvre guerrière et patriotique. L'odeur de la poudre avait monté toutes les têtes. Tout le monde semblait prêt à partir avec l'Empereur. « Allez, sire, disait un ouvrier du milieu d'un groupe, s'il vous faut des soldats, vous n'avez qu'à parler ! — Oui ! oui ! répondait la foule, dont l'âme ravie a fait explosion comme une traînée de poudre d'un bout à l'autre du parcours. Plusieurs poignées de main ont été échangées entre le souverain et les plus hardis et les plus ardents de la foule. C'était un courant électrique d'enthousiasme patriotique et guerrier, le peuple et son chef n'avaient qu'un cœur et qu'une âme.

Dès que la voiture impériale, dans laquelle se trouvaient l'Empereur et l'Impératrice, entra dans la rue de Rivoli, Leurs Majestés furent saluées d'acclamations qui ne cessèrent qu'à leur arrivée au chemin de fer. Une foule immense occupait les trottoirs sur tout le parcours du cortége, couvrait la place de la Bastille, garnissait toutes les fenêtres, et de nombreux ouvriers s'échelonnaient sur toutes les saillies des maisons en construction. Un grand nombre de maisons étaient pavoisées.

Il est difficile de se faire une idée, sans en avoir été témoin, de l'enthousiasme qui éclatait sur le passage de l'Empereur. Les cris de : Vive l'Empereur ! retentissaient de toutes parts ; on peut dire que ce ne fut qu'une longue acclamation depuis les Tuileries jusqu'à la gare du chemin de fer.

L'Empereur, en tenue de campagne, le képi sur la tête, fut bientôt entouré d'une foule qui grossissait à chaque instant. Nous avons pu le voir vers le milieu de la rue de Lyon. Sa voiture était alors entièrement séparée des cent-gardes qui l'accompagnaient ; les chevaux allaient au pas et se frayaient avec peine un passage au milieu de la foule. L'Empereur, debout, l'air calme et souriant, saluait tout le monde, pressait les mains qui s'avançaient vers la sienne, et faisait signe aux gardes de laisser approcher toute cette multitude, au milieu de laquelle il se trouvait aussi en sûreté que dans son propre palais.

S. M. l'Impératrice a été conduire l'Empereur jusqu'à Montereau, environ à 20 lieues de Paris. Là on a dîné.

« Vers la fin du repas, écrit un témoin oculaire, les convives ont été l'objet d'une double attention de la part de Leurs Majestés. L'excellent et dévoué docteur Conneau a distribué à chacun d'eux une photographie-minia-ture de Disdéri de trois épreuves différentes, représentant, l'une l'Empereur debout, l'autre l'Empereur assis, et la troisième l'Empereur, l'Impératrice et le Prince Impérial réunis. Peu après, M. de Lezay-Marnézia, chambellan de l'Impératrice, s'est adressé, au nom de Sa Majesté, à toutes les personnes qui accompagnent l'Empereur en Italie, et leur a fait don d'une petite médaille de la Vierge en or. Une simple légende: Marie, priez pour nous ! y surmonte une image de la Vierge.

« Vous vous figurez aisément l'émotion que nous avons tous éprouvée. On a été touché de la religieuse pensée de l'Impératrice, qui dans son cœur trouvera des trésors de prières pour toutes les nobles existences qui vont courir les hasards de la guerre. On a pris la médaille de la Vierge avec joie, avec reconnaissance, et des remerciments sincères ont été portés par M. de Lezay-Marnézia. L'entrée en campagne de l'Empereur est mise, on peut le dire, sous les auspices de la Protectrice des faibles et des justes.

» Au milieu des vivats enthousiastes de la foule, l'Impératrice s'est séparée de l'Empereur quand le signal a retenti, et tous les témoins de cette séparation ont compris qu'il y avait un cri qui devait en quelque sorte dominer tous les autres. Ce cri était : Vive le Prince Impérial ! La foule l'a répété longtemps, et les échos se sont mêlés aux accents des orphéonistes de Montereau, qui ont chanté des chœurs patriotiques. »

L'Empereur s'est dirigé vers Marseille. L'Impératrice est revenue à Paris pendant la nuit. Les gares étaient remplies de braves gens qui ont passé pour saluer l'Empereur à son passage, quoique le convoi ne dût pas s'arrêter. Ils voyaient passer devant eux des voitures avec la rapidité de la foudre, ils criaient : *Vive l'Empereur !* et cela leur suffisait ; ils avaient entrevu le wagon qui portait leur élu , et ils étaient contents.

Pendant que l'Impératrice était à Montereau, toute cette foule qui avait accompagné et acclamé l'Empereur jusqu'à la gare s'était dispersée ; d'ailleurs il faisait chaud, et les gosiers sentaient le besoin de se rafraîchir ; mais on ne s'était pas retiré sans se donner rendez-vous pour neuf heures du soir. « L'Impératrice, disaient-ils, doit être triste, eh bien ! il faut la reconduire aux Tuileries *pour la consoler.* » Et ils lui ont fait cortége jusqu'au palais , quoiqu'il fût plus de dix heures.

On dit qu'au moment où l'Empereur traversait la foule immense qui encombrait la place de la Bastille , des femmes ont jeté dans la voiture des médailles et des chapelets, en lui criant: « Sire, cela vous portera bonheur ! »

Nous savons aussi que, quelque rapide qu'ait été le voyage de l'Empereur, il a été cependant marqué par de touchants bienfaits dont nous ne citerons que ces deux-ci :

A Avignon, une pauvre femme infirme , mère de six enfants et veuve depuis quelques mois , avait vu tout récemment l'aîné de ses fils rappelé sous les drapeaux. Ce jeune soldat est en ce moment à Cette , au dépôt de son régiment, le 65e de ligne. Apprenant que le train impérial devait passer à Avignon le matin et s'y arrêter peut-être quelques instants, la veuve Niel obtint de s'introduire dans la gare et présenta à Sa Majesté un placet exposant en quelques lignes sa position si digne d'intérêt.

Les résultats ne se sont point fait attendre. Sa Majesté a lu au départ le placet de la veuve, et , par le retour du prochain convoi , le chef de gare remettait, au nom de l'Empereur, à la pauvre femme tout émue la somme de deux cents francs, et lui adressait, toujours de la part de Sa Majesté, de bonnes paroles annonçant que l'affaire relative à la position exceptionnelle de ce jeune soldat allait être instruite avec la plus grande bienveillance et la plus grande hâte.

Il est impossible de décrire la joie de la mère et de répéter les vœux, les remercîments, les bénédictions qu'elle adresse depuis cet instant à ce bon Empereur, comme elle ne cesse de le nommer.

A Marseille, au moment où le cortége impérial arrivait presque en face du pavillon de l'embarcadère , une jeune personne, vêtue de blanc, tenant un bouquet à la main, s'est élancée , malgré quelques efforts tentés par des agents de police pour l'en empêcher , vers la calèche de l'Empereur, et y a jeté son bouquet. Ce bouquet renfermait probablement une pétition, car on assure que cette jeune personne, d'origine sarde , aurait été appelée à bord de la *Reine Hortense,* et l'on ajoute qu'il s'agissait d'une demande en grâce.

Bien longtemps avant l'arrivée du train impérial, la population entière de Marseille , rassemblée en masses profondes sur le parcours de la gare du chemin de fer au quai septentrional du vieux bassin, le quai Napoléon, attendait, frémissante d'impatience, la venue de Sa Majesté.

A l'exception de la rue de la Grande-Armée, des allées de Meilhan, de la rue de Noailles et de la Canebière, la ville était déserte.

A onze heures quarante-cinq minutes, un premier coup de canon se fait entendre. Une clameur immense, poussée par deux cent mille poitrines, répond à ce signal, et chacun reste immobile à la place qu'il a pu se choisir pour saluer au passage le souverain qui tient si haut et si ferme le drapeau de la France.

Reçu à la gare par M. Besson, préfet des Bouches-du-Rhône ; par M. le général d'Aurelles de Paladines, commandant la division militaire; NN. SS. les Evêques de Marseille et de Ceram, le procureur général de la cour impériale d'Aix, le procureur impérial de Marseille, et M. Lefebvre conseiller de préfecture ; l'Empereur, accompagné de S. A. I. le prince Napoléon, du maréchal Castellane, du maréchal Vaillant, major général de l'armée d'Italie, et suivi par tous les officiers de sa maison militaire, ne fait que traverser le riche salon disposé pour le recevoir. Sa Majesté adresse quelques paroles au préfet et au général, et monte en calèche découverte.

A Gènes, comme dans presque toutes les villes de l'Italie, la sainte Vierge est de toutes les fêtes, et le matin de bonne heure des mains pieuses renouvelaient les riches vêtements des madones qui veillent, dans des niches artistement sculptées au coin de toutes les rues, au salut de la cité. Dans la via Balbi, dans la Nuova, la Nuovissima et Carlo Felice, on hissait les derniers drapeaux, on enguirlandait les maisons de feuillages, et partout éclataient en lettres d'or, sur des transparents aux trois couleurs italiennes, les devises chevaleresques et patriotiques. Dans toutes les rues, sur toutes les places, la foule roulait comme une cataracte vers le port. L'immense promenade des Portiques était déjà inondée, ainsi que les quais et les collines qui descendent vers la Méditerranée ; partout la foule impatiente et avide du spectacle.

Dans le port marchand, huit cents navires sont à l'ancre, pavoisés et déployant au soleil les drapeaux de toutes les nations. Dans le port militaire, la frégate anglaise le *Marabout* arborant ses flammes multicolores , puis des frégates et des bateaux à vapeur français ; sur le vieux môle, les zouaves de la garde impériale, rangés en bataille et tournés vers la mer, attendant l'arme au pied, pendant que la musique exécute des airs militaires. Une grande frégate, portant sur son pont un régiment de grenadiers, sort du port et va au-devant du cortège impérial. Aussitôt des centaines de barques montées par des femmes enveloppées du *pezzotto*, partent des quais et sillonnent la rade dans tous les sens; à ces barques viennent se joindre d'autres embarcations décorées de flammèches tricolores et recouvertes d'étoffes en soie rose frangées de crépines d'or. En quelques instants, le port et la rade sont littéralement couverts de

ces barques qui se croisent sans se heurter, et se retirent dans toutes les directions, comme une volée d'oiseaux.

L'Empereur devant descendre dans le canot à son entrée dans le port et se diriger vers le débarcadère du côté des *Porticci*, on a établi une espèce de rue vénitienne bordée par des embarcations légères appuyées de chaque côté contre les gros navires marchands. Du milieu du port, le spectacle est magique : toutes ces barques qui courent à la surface des flots, tous ces navires, tous ces palais pavoisés, toute cette multitude qui palpite, toutes ces musiques qui sonnent des fanfares, tout cela, dis-je, constitue un specta-cle étrange, unique, et animé comme ces foules qui grouillent dans les tableaux des grands maîtres italiens.

A midi et demi, le cortége impérial, signalé par la vigie, est annoncé par deux coups de canon. Les embarcations de toutes sortes s'élancent vers la mer et prennent le large. Bientôt, au milieu des coups de canon partis de l'amirauté, auxquels répondent par d'énergiques détonations le *Marabout* et les autres vaisseaux de guerre, la *Reine-Hortense* entre dans le port, escortée de centaines de barques qui lancent des bouquets de fleurs sur le pont de la frégate impériale. Les matelots anglais, rangés sur les vergues, crient trois fois *Hurrah!* les tambours battent aux champs, l'artillerie éclate de toutes parts comme des milliers de tonnerres, et l'Empereur, reçu dans le canot par le duc de Carignan et le comte de Cavour, descend de la frégate, suivi du prince Napoléon et des officiers qui l'accompagnent. Le canot

se dirige à travers la rue de bateaux d'où s'élancent, pendant tout le parcours jusqu'au débarcadère, un feu d'artifice de bouquets qui tombent dans la mer et forment une voie fleurie.

Les cris : « Vive l'Italie ! Vive la France ! Vive l'Empereur ! » se croisaient dans l'air. Cette réception a été très-grande et très-belle. Ce qui m'a le plus frappé dans cet accueil de tout un peuple, c'est la confiance de ce peuple dans l'avenir. Pas un instant d'hésitation ni de doute. Il voit dans l'Empereur le général en chef de l'armée qui va combattre pour l'indépendance italienne, et il le salue, lui et ses soldats, comme des libérateurs. Sa foi est si grande qu'il n'admet même pas la possibilité de la fortune contraire, et qu'il célèbre d'avance la prochaine victoire.

L'Empereur a été reçu au débarcadère par l'archevêque de Gênes à la tête de son clergé. Parmi les prêtres qui étaient dans le cortége, six portaient la médaille de Sainte-Hélène.

Le soir, la ville était illuminée. L'aspect du port était merveilleux ; la Darse, les mâts de navires, les quais, les collines, la mer, les palais, tout cela formait un immense incendie.

Le 14 mai, l'Empereur se rendit à Alexandrie dans le Piémont et y fixa son camp pour quelques jours ; de là, il a fait des excursions pour s'assurer de la position des lieux et de l'état des troupes.

Le 19, il a visité Tortone. C'est une ville ouverte, ayant un pont sur la Scrivia. Les Autrichiens l'avaient fait sauter pour retarder la marche des nôtres (on voit qu'ils ne sont pas pressés de les voir en face). Une compagnie d'ouvriers français, dirigée par des ingénieurs, engagée spécialement pour ces travaux, a réparé le pont en peu de jours. L'Empereur les a félicités de leur activité et leur a fait distribuer une gratification.

De là, l'Empereur est allé visiter les corps cantonnés aux environs ; il s'est occupé en détail de leurs besoins et de leur situation. La santé de nos braves soldats est généralement excellente ; ils ont trop d'entrain pour songer à être malades.

Le lendemain, vendredi, l'Empereur visitait Alexandrie, la plus forte place du Piémont, le point d'appui des opérations en deçà du Pô. De là, l'Empereur a poussé sur Verceil et Casale, autres places fortes se reliant au système de défense qui protège le Piémont contre l'Autriche. A Casale, l'Empereur a eu un entretien avec le roi de Piémont. Ensuite, à trois heures, il est rentré à Alexandrie pour aller visiter le fameux champ de bataille de Marengo, situé à peu de distance de cette ville. Il y a un musée et une chapelle élevés par un ancien officier, un des héros de cette grande journée, à la mémoire de ses compagnons d'armes. L'Empereur a visité avec une émotion visible les deux monuments. Le musée contient les armes recueillies sur le champ de bataille, et dans la chapelle sont enterrées les dépouilles des braves qui payèrent la victoire de leur vie.

L'Empereur a visité ces endroits fameux, les têtes de pont par où débouchèrent les Autrichiens, les positions occupées par Lannes et Victor, le ruisseau le Fontanone qui fut si vivement disputé, le village de Marengo où Lannes se défendit toute la journée en héros, San Giuliano où Desaix vint assurer la victoire et s'y ensevelir, enfin l'endroit où Kellermann exécuta la célèbre charge de flanc qui acheva de mettre l'Autrichien en déroute.

Enfin l'Empereur est rentré à Alexandrie, et le lendemain il apprenait l'affaire de Montebello. Le surlendemain, il embrassait le général Forey et ses glorieux compagnons de victoire, il visitait et consolait les blessés.

L'élan et la rapidité de nos soldats leur assurent la supériorité sur un ennemi souvent plus nombreux qu'eux. Aussi l'Empereur a-t-il voulu alléger autant que possible leurs bagages. Lui-même l'Empereur a donné l'exemple d'une extrême simplicité dans son installation. Il habite une tente à trois pièces, facile à enlever et à transporter. C'est toujours par l'exemple qu'il faut procéder en France ; on obtient tout par ce moyen.

Pour ses bagages, la garde impériale n'a que deux voitures par bataillon ; les mulets sont supprimés, ils encombraient les camps et exigeaient trop de monde pour les conduire. Les officiers n'ont pas de tentes ; l'Empereur se charge de les faire loger chez les habitants des villes.

La tente destinée au service de l'Empereur pendant la campagne d'Italie a été expédiée pour Gênes. Elle est en coutil rayé blanc et bleu et doublée ; sa hauteur est de 5 mètres environ. Le dessus est décoré de deux petits pavois ; deux mâts seulement lui servent de supports. A l'intérieur, elle est divisée en trois compartiments, formant salon, chambre à coucher et cabinet de toilette. La disposition des tentures laisse à l'intérieur une porte pour chaque pièce, et de petites ouvertures fenestrières pour la ventilation. Les portières, qui sont adhérentes à l'ensemble, se relèvent à l'aide d'embrasses. Un lit en fer, des pliants pour siéges et de petites tables, dont l'une forme toilette, composent le mobilier de la demeure impériale.

De Gênes l'Empereur a adressé cette proclamation à l'armée :

« Soldats !

» Je viens me mettre à votre tête pour vous conduire aux combats. Nous allons seconder la lutte d'un peuple revendiquant son indépendance, et le soustraire à l'oppression étrangère. C'est une cause sainte qui a les sympathies du monde civilisé.

» Je n'ai pas besoin de stimuler votre ardeur ; chaque étape vous rappellera une victoire. Dans la voie Sacrée de l'ancienne Rome, les inscriptions se pressaient sur le marbre pour rappeler au peuple ses hauts faits : de même aujourd'hui, en passant par Mondovi, Marengo, Lodi, Castiglione, Arcole, Rivoli, vous marcherez dans une voie Sacrée, au milieu de ces glorieux souvenirs.

» Conservez cette discipline sévère qui est l'honneur de l'armée. Ici, ne l'oubliez pas, il n'y a d'ennemis que ceux qui se battent contre vous. Dans la bataille, demeurez compactes et n'abandonnez pas vos rangs pour courir en avant. Défiez-vous d'un trop grand élan ; c'est la seule chose que je redoute.

» Les nouvelles armes de précision ne sont dangereuses que de loin ; elles n'empêcheront pas la baïonnette d'être, comme autrefois, l'arme terrible de l'infanterie française.

» Soldats ! faisons tous notre devoir et mettons en Dieu notre confiance. La patrie attend beaucoup de vous. Déjà d'un bout de la France à l'autre retentissent ces paroles d'un heureux augure : La nouvelle armée d'Italie sera digne de sa sœur ainée. »

» NAPOLÉON. »

Gênes, le 12 mai 1859.

CHAPITRE IV.

Le Camp.

On nous saura bon gré de faire connaître les hommes auxquels sont confiés l'honneur de la France, la vie et l'avenir de tant d'êtres chéris de nos lecteurs.

LE M^{al} BARAGUAI-D'HILLIERS.

C'est à la bataille de Leipzig qu'on le voit figurer pour la première fois. De simple soldat il s'était élevé en peu de temps au grade de capitaine. Dans cette sanglante bataille, il fit des prodiges de valeur et eut un bras emporté par un boulet, ce qui ne l'empêcha pas de figurer dans tous les combats qui furent livrés jusqu'en 1814. Pendant la Restauration, il rentra dans la vie civile ; mais après la révolution de 1830, il reprit du service et fit une glorieusement toutes les campagnes d'Afrique, où il conquit successivement les grades de lieutenant-colonel, de colo-nel, de général de brigade et de général de division.

Après la révolution de 1848, le 1ᵉʳ mars de cette même année, le général Courtais, en passant l'inspection de la garde nationale montante, remarqua un garde national bien tenu ayant le sabre à la main : « Vous n'avez donc pas de fusil? lui dit le général. —Non, et je n'en porterai pas. —Pourquoi cela? — Est-ce que tu ne vois pas que je n'ai qu'un bras? — Et où donc

L'Empereur d'Autriche.

avez-vous perdu l'autre? — A Leipsig, tu le sais bien ; nous y étions ensemble. » Le général le regarde fixement et lui saute au cou : il a reconnu son ancien camarade, le général Baraguey-d'Hilliers. Le général Courtais complimenta la compagnie de la 1ᵉ légion d'avoir dans ses rangs un tel soldat.

Quoique sa tête soit couverte de cheveux blancs, le maréchal Baraguey-d'Hilliers a tout l'entrain et toute la gaîté d'un jeune soldat : c'est un vrai troupier. Il y a une belle page dans sa vie : c'est lui qui, au nom de la France, replaça, comme commandant en chef, Pie IX sur son trône pontifical ; c'est lui qui pria le saint-père de vouloir bien bénir cette vaillante armée tout entière sur la place du Vatican, et c'est lui qui prononça ce puissant *genou! terre!* qui jeta tous ces braves aux pieds de leur père qui est à Rome.

LE MARÉCHAL CANROBERT.

Voici un nom connu et aimé du soldat.

Le maréchal Canrobert est né en 1809 dans le département du Lot. C'est un vrai et franc militaire, rempli de science et d'énergie. Longtemps il a fait la guerre en Afrique. Mais sa gloire a été surtout de commander l'armée de Crimée, et de sauver cette magnifique armée des rigueurs d'un affreux hiver. On le vit logé dans une pauvre tente (une baraque de bois) sous la neige, parcourir sans cesse le camp, veillant au bien-être de tous, encourageant l'un, disant une bonne parole à l'autre, soutenant le moral de tous. Aussi au retour de l'armée de Crimée, on entendit souvent crier : Vive Canrobert! vive le père du soldat! vive le sauveur de notre armée! Aussi est-il adoré de ses troupes.

Quand il fut blessé et qu'il tomba, sa division s'arrêta court, et cria : *Vive Canrobert!* au premier signe de vie qu'il donna. Ici, tous les soldats crient encore : *Vive Canrobert!* dès qu'ils l'aperçoivent.

On sait qu'après avoir conservé cette armée si chère à la France, il en quitta le commandement pour le remettre au général Pélissier, devenu depuis maréchal.

Le général Canrobert, fatigué et souffrant, reprenait avec une héroïque abnégation son ancien commandement dans une division de cette armée qu'il avait arrachée aux intempéries de l'hiver et aux attaques de la maladie.

Cet acte, il l'a accompli avec une sublime simplicité. On trouverait difficilement une pareille abnégation en remontant, même bien haut, dans le cours des siècles.

Un général en chef estimé de ses généraux, aimé du soldat, honoré de la confiance de l'Empereur et environné de la reconnaissance de son pays, qui lui sait gré d'avoir été ménager du sang de ses troupes, d'avoir su conserver, brillante et résolue, une armée soumise pendant tout un hiver à toutes les intempéries d'un climat rigoureux, à toutes les privations d'un siége sans précédent pour les difficultés presque insurmontables qu'il oppose sans cesse au génie et à la valeur des assiégeants ; un général en chef, lorsque tout semble justifier le choix qu'on a fait de lui, lorsqu'il est à la veille de couronner par une victoire décisive la plus belle carrière militaire, s'aperçoit ou croit s'apercevoir qu'il est inférieur à la tâche dont depuis six mois il porte pourtant avec honneur la responsabilité ; sa modestie et sa conscience parlent plus haut que toutes les objections de son amour-propre, que toutes les suggestions légitimes de son ambition personnelle, et, sans hésiter, sans fausse ostentation, comme sans faiblesse, il résigne volontairement le commandement suprême, annonçant en ces termes sa résolution à ses troupes muettes d'étonnement, d'admiration :

« Soldats,

» Le général Pélissier, commandant le premier corps, prend, à la date de ce jour, le commandement en chef de l'armée d'Orient.

« L'Empereur, en mettant à votre tête un général habitué aux grands commandements, vieilli dans la guerre et dans les camps, a voulu vous donner une nouvelle preuve de sa sollicitude et préparer encore davantage les succès qui attendent sous peu, croyez-le bien, votre énergique persévérance.

» En descendant de la position élevée où les circonstances et la volonté du souverain m'avaient placé, et où vous m'avez soutenu, au milieu des plus rudes épreuves, par vos vertus guerrières et ce dévouement confiant dont vous n'avez cessé de m'honorer, je ne me sépare pas de vous. Le bonheur de partager de plus près vos glorieuses fatigues, vos nobles travaux, m'a été accordé, et c'est encore ensemble que, sous l'habile et ferme direction du nouveau général en chef, nous continuerons à combattre pour la France et pour l'Empereur. »

L'Empereur offrit au général Canrobert une haute position, mais il aima mieux reprendre le commandement de la division qu'il avait guidée à l'Alma. Depuis il a reçu le bâton de maréchal.

Le maréchal Canrobert a une figure toute martiale sous l'uniforme ; il est très-bon, très-gai, très-serviable. Un historien a dit de lui que, sous l'habit bourgeois, il ressemble à un bedeau de village, parce qu'il porte les cheveux longs. Le maréchal a beaucoup ri de ce jugement porté sur son physique.

Canrobert a un cœur excellent, sa bourse est toujours ouverte à la charité, et un grand sentiment de foi chrétienne est dans son cœur. C'est lui, un jour que nous lui demandions si nous n'avions pas exagéré la foi de l'armée d'Orient, qui nous fit cette belle réponse :

— « Dites du bien des sentiments religieux de notre armée, dites-en beaucoup,, vous n'en direz jamais assez... Moi-même j'en ai été étonné... Rien ne fait plus d'impression sur nos soldats qu'une parole de foi. Oh ! ils aiment la France. Le sentiment de l'honneur les transporte, mais le sentiment religieux domine tous les autres. Cet hiver, dans nos épreuves, après leur avoir dit que la France leur tiendrait compte de leur dévouement, je ne manquais pas d'ajouter : « Après tout, mes enfants, quand la France ne pourrait récompenser tous les mérites, là-haut il y a quelqu'un qui connaît vos sacrifices et qui les récompensera tous. » Ces paroles produisaient sur eux un effet inexprimable. »

LE GÉNÉRAL NIEL.

Le général Niel est âgé de cinquante et quelques années ; il est de l'arme du génie, et c'est un de nos généraux les plus instruits. Il s'est trouvé dans toutes les grandes affaires qui ont eu lieu depuis douze ans, à la prise de Rome, à la prise de Bomarsund, à la prise de Sébastopol. Au siége de ces deux dernières villes, il commandait le génie ; à la prise de Rome, il n'était encore que colonel. « A la première attaque, dit un historien, le colonel

Niel, chef d'état-major du génie, lance les trois colonnes d'assaut. Elles franchissent avec la plus fougueuse intrépidité les talus des brèches, et sont reçues par un feu général auquel elles ne répondent pas; mais, débarrassant le terrain en avant par une vigoureuse charge à la baïonnette, leur élan devient tel, que bientôt elles se trouvent sur la ligne de retraite de l'ennemi. Ce dernier, frappé de terreur, ne peut fuir assez vite; une centaine des siens sont faits prisonniers, et nos soldats s'emparent encore de plusieurs caissons de poudre et de nombreux chevaux. »

Après la prise de Bomarsund, on rasait la ville, on démolissait tout. Le général Niel aperçut une magnifique croix qui couronnait la flèche d'une église. Il raconte qu'il se tint ce langage à lui-même : « Tu ne peux pas renverser cette croix-là. Toi renverser une croix ! ta vieille mère ne te le pardonnerait jamais. » Alors, je me tournai vers mes soldats et je leur dis : « Y a-t-il ici deux bons b... de bonne volonté capables d'aller me chercher cette croix-là. » Il s'en présenta plus de trente. La croix fut détachée avec soin, apportée en France, avec la permission du gouvernement. Le général Niel en a fait présent à l'église de Muret, sa paroisse natale. La lampe de la même église brûle maintenant devant l'autel de la sainte Vierge à Notre-Dame des Victoires à Paris.

Le général Niel avait pendant longtemps dirigé les travaux du siége de Sébastopol. C'est lui qui a fait creuser ces longues tranchées d'où nos soldats s'élancèrent sur Malakoff. Le général Niel est aide de camp de l'Empereur, sénateur, grand-croix de la Légion d'honneur. Il ne lui manque plus que le bâton de maréchal, que son intelligence et sa bravoure lui mériteront, sans nul doute.

LE GÉNÉRAL DE MAC-MAHON.

Voici un général aimé de tout le monde pour son courage et sa bonté. Le général de Mac-Mahon est l'homme le plus doux, le plus modeste du monde; à le voir on dirait, suivant l'expression de l'ouvrier de Paris, qu'il ne serait pas même capable de faire du mal à une puce; mais, une fois au combat, voilà cette figure qui se transforme tout à coup, on ne le reconnaît plus, c'est un lion dont la vue suffirait pour donner du courage aux lâches, s'il y avait des lâches dans une armée française.

M. de Mac-Mahon est jeune encore, il est né en 1808, la même année que l'Empereur; il touche par sa mère aux princes de Chimay. Par son père il est d'une noble et vieille famille irlandaise qui, dévouée aux Stuarts, est venue en France et a payé son hospitalité par de hauts faits et d'éminents services, comme les Lally-Tollendal à Fontenoy et en 1789, comme les Mac-Donald pendant les guerres de la république et du premier empire. Malgré tous ces avantages d'origine et sa grande fortune, M. de Mac-Mahon, ainsi que l'a dit Corneille,

... Doit à lui seul toute sa renommée,

et tous ses grades, depuis le plus humble ; il les a gagnés successivement par des actions d'éclat.

A la suite d'un brillant examen, il fut admis à l'école spéciale militaire en 1825 ; il entra par ordre de mérite à l'école d'état-major (1827, il avait dix-neuf ans), comme sous-lieutenant-élève.

Après avoir pris part à l'expédition d'Alger, à la campagne de Belgique et au siége d'Anvers, il est décoré des ordres de la Légion d'honneur et de Léopold (1831), et il devient capitaine (1833). Il est successivement choisi pour aide de camp par les généraux de Bellaire (1835), Bro (1835), Damrémont (1837), d'Houdetot (1839), tous servant en Afrique.

A l'assaut de Constantine, où fut tué son général, M. Damrémont, il reçoit un coup de feu à la poitrine, et mérite le grade d'officier de la Légion d'honneur.

Puis vient la formation des chasseurs appelés chasseurs de Vincennes ou chasseurs à pied : M. de Mac-Mahon quitte l'arme de l'état-major ; il est nommé chef du 10ᵉ bataillon de la nouvelle infanterie légère (1840). En 1842, comme lieutenant-colonel de la légion étrangère ; en 1845, comme colonel du 41ᵉ de ligne, il prend part en Afrique à toutes les expéditions.

L'année 1848 le fait général de brigade en même temps que le maréchal Bosquet et le général Mollière. En cette qualité, il commande, gouverne et administre la subdivision de Tlemcen.

Tlemcen, cette antique capitale d'un empire autrefois le plus puissant de l'Afrique, est. de toutes les villes importantes de l'Algérie, la plus voisine de la frontière du Maroc. Là convergent les intérêts de la nature la plus diverse, militaires, politiques et commerciaux, sans compter les menus détails administratifs, les mesures et les travaux se rapportant à la colonisation. M. de Mac-Mahon sut y conquérir la gloire, relativement obscure, de l'administrateur.

Tout le monde sait qu'en 1855 il fut nommé commandant d'une division de l'armée de Crimée, celle du général Canrobert. C'est lui qui eut la gloire d'enlever d'assaut la tour Malakoff et d'y planter le drapeau de la France. Dans un beau tableau qui représente ce haut fait d'armes, on voit le général de Mac-Mahon à la tête de ses braves soldats, dominant toutes les têtes et les conduisant à la victoire.

Voici comment le général en chef parle de cette victoire :

« Les montres avaient été réglées. A midi juste toutes nos batteries cessèrent de tonner pour reprendre un tir plus allongé sur les réserves de l'ennemi. A la voix de leurs chefs, les divisions de Mac-Mahon, Dulac et de la Motterouge sortent des tranchées. Les tambours et les clairons battent et sonnent la charge, et, au cri de : *Vive l'Empereur!* mille fois répété sur toute la ligne, nos intrépides soldats se précipitent sur les défenses de l'ennemi. Ce fut un moment solennel. »

L'affaire fut terrible. Les Russes firent une forte résistance. Mac-Mahon, exposé à la mitraille, avait vu son fanion traversé par quarante-deux balles et frappé de deux boulets ; il écrivit au général en chef : « Je suis dans la tour de Malakoff, et je suis sûr de m'y maintenir. »

Ce qui relève encore le courage de notre armée, c'est la défense intrépide que leur opposaient nos vaillants ennemis. — « Rendez-vous donc, commandant, s'écria, dit-on, le général de Mac-Mahon arrivant au sommet des ouvrages de Malakoff. Espérez-vous résister encore? — Jusqu'à la mort, n'est-ce pas, mes enfants? » reprit l'officier russe en se tournant vers ses soldats. Et les Russes demeurèrent intrépides, vendant chèrement leur vie, tandis qu'un peu plus loin une centaine d'entre eux, logés dans un réduit derrière une traverse, brûlaient jusqu'à leur dernière cartouche et ne se rendaient qu'en voyant jeter parmi eux des fascines enflammées.

Le général de Mac-Mahon, comme le général Niel, a tous les honneurs, excepté le bâton de maréchal.

Il a fait la dernière campagne de Kabylie, qui lui valut la médaille militaire, et il était commandant des forces de terre et de mer de l'Algérie, lorsque l'Empereur le choisit pour le mettre à la tête du deuxième corps de l'armée d'Italie.

LE PRINCE NAPOLÉON.

Le prince Napoléon est fils du prince Jérôme Bonaparte et de la princesse Sophie-Dorothée de Wurtemberg. Le prince Jérôme, le plus jeune des frères de l'Empereur Napoléon 1er, après avoir porté une couronne, est le dernier des Bonaparte qui, en 1815, ait combattu pour la France. Commandant une division du corps de Reille, à Waterloo, il fut blessé à la tête dans la terrible attaque d'Hougoumont, et porté auprès de son frère. Quant à la princesse Sophie, devenue Française depuis son mariage, elle a fait l'admiration de l'Europe par son dévouement envers son époux et son amour exclusif pour les intérêts et l'honneur de sa patrie d'adoption.

Le prince Napoléon est né à Trieste en 1822, il a été élevé à Rome jusqu'en l'année 1831, de là il passa à Genève, puis à l'école militaire de Louisbourg dans le Wurtemberg. Mais les bruits de guerre avec l'Allemagne le firent renoncer à accepter un service qui pouvait lui faire porter les armes contre la France.

Au moment de la Révolution de février 1848 il fut nommé par la Corse membre de l'Assemblée constituante, puis de l'Assemblée nationale, où il révéla une vive intelligence avec une grande facilité de parole.

Après la proclamation de l'Empire, le Prince avait été nommé par l'Empereur, général de division. Il tenait à justifier cette haute faveur et à montrer qu'il en était digne par son mérite, aussi bien que par sa naissance. Il s'empressa donc d'écrire à l'Empereur une lettre dans laquelle ces sentiments étaient exprimés de la manière la plus noble. « Sire, écrivit-il, au moment où la guerre va éclater, je viens prier Votre Majesté de me permettre de faire partie de l'expédition qui se prépare. Je ne demande ni commandement important, ni titre qui me distingue; le poste qui me rapprochera le plus de l'ennemi. L'uniforme que je suis si fier de porter m'impose des devoirs que je serais heureux de remplir, et je veux gagner le haut grade que votre affection et ma position m'ont donné. Quand la nation prend les armes, Votre Majesté trouvera, j'espère, que ma place est au milieu des soldats; et je la prie de me permettre d'aller me ranger parmi eux, pour soutenir le droit et l'honneur de la France (1). »

Le 10 avril, il quitta Paris accompagné de l'ambassadeur de la Sublime Porte, Vély Pacha, qui le conduisit jusqu'à Toulon. S. A. I. le prince Napoléon s'embarqua le 17 sur le *Roland*, et débarqua à Constantinople le 1er mai. Au palais de Defderdar-Bernou, destiné à l'habitation du Prince pendant son séjour à Constantinople, il eut l'insigne honneur de recevoir la visite du Sultan.

Lorsque l'expédition de Crimée fut décidée, il se rendit à sa division. Encore malade il se fit porter au camp et y fut reçu par les cris enthousiastes de ses soldats.

On sait quel rôle la 3e division, sous les ordres du Prince, a joué à l'Alma; c'est elle qui enfonça le centre russe. Au moment où la bataille allait s'engager, et quand le prince Napoléon, les généraux Canrobert, Bosquet et Forey venaient prendre les derniers ordres du maréchal : — « Des ordres, leur répondit-il en leur montrant l'armée russe, je n'en ai pas à donner à des hommes tels que vous,

(1) Lettre du 25 février 1855.

je n'ai qu'à leur montrer l'ennemi. Allez ! »

Après la bataille, le Prince se rendit à l'ambulance, puis visita à pied, suivi d'un seul aide de camp, les bivouacs où s'établissaient ses troupes, au milieu des morts et des mourants. A mesure qu'il se présentait devant chaque bataillon, les soldats se précipitaient autour de lui avec des cris d'enthousiasme et d'amour.

Dans les premiers jours de novembre, après le commencement du siége, le Prince, déjà malade, demanda au général en chef (le général Canrobert), le commandement des colonnes d'assaut qui devaient être lancées sur Sébastopol. A ce moment, l'attaque régulière ayant échoué par le feu du 17 octobre, on en était venu au projet de tenter sur la ville un coup de main vigoureux. Le 5 novembre au matin, la furieuse attaque des Russes sur le plateau d'Inkermann changea toutes ces dispositions, et fit entrer les opérations dans la phase de langueur où elles se sont continuées pendant plus d'un an. Dans cette journée mémorable, et dès le point du jour, le Prince reçut l'ordre d'envoyer sur le champ de bataille d'Inkermann sa 1re brigade, commandée par le général de Monet. Bientôt le prince sortait lui-même de son camp, à la tête de la 2e brigade, pour se porter à la défense de nos lignes, qu'une terrible sortie des Russes menaçait. C'est dans cette circonstance que périt le brave et infortuné de Lourmel. Aussitôt que la sortie eut été repoussée, le Prince en voya solliciter l'ordre de marcher, avec sa 2ᵉ brigade, sur le canon d'Inkermann. Sans attendre ces ordres, il se mit en marche et arriva à temps pour réunir toute sa division sur le plateau et prendre part aux derniers incidents de ce terrible combat. Ce fut une de ses batteries, la batterie Lainsecq, qui du haut des berges qui dominent la Tchernaïa, foudroya les Russes en déroute et entassa leurs cadavres dans cette vallée funèbre.

Deux jours après, le prince Napoléon, à bout de forces, dévoré par la fièvre, fut obligé de s'embarquer pour Constantinople, sur laquelle l'énorme quantité de malades et de blessés de l'armée était évacuée. Il y resta un mois, et sa santé ne se rétablissant pas, les ordres de l'Empereur le rappelèrent en France.

Le prince Napoléon fut président de la commission de l'exposition universelle de 1855 qui eut un si grand retentissement. En 1856 il fit un long voyage scientifique dans la partie septentrionale de l'Europe, d'où il a rapporté un nombre infini d'objets et et de documents qui seront une abondante ressource pour la France.

Le ministère de l'Algérie et des colonies ayant été créé par l'Empereur, fut confié au prince Napoléon qui ne l'a exercé que pendant un court espace de temps. Au commencement de cette année il a épousé la princesse Clotilde de Sardaigne, fille du roi Victor-Emmanuel, qui n'a pas encore accompli sa seizième année et qui joint, dit-on, à toutes les grâces de la jeunesse les qualités sérieuses de l'âge mûr. La princesse Clotilde est un ange de vertu et de piété, choses qui se sont souvent rencontrées dans sa famille. Chaque jour elle entendait la messe dans la chapelle du palais royal, mais l'aumônier ayant accompagné le prince son mari à l'armée, elle se rend tous les matins vers six heures à l'église Notre-Dame-des-Victoires et y reste jusqu'à huit heures ; elle va à pied et accompagnée d'une seule dame.

Le prince Napoléon commande le cinquième corps d'armée, il s'est rendu à Livourne, il traversera la Toscane pour prendre les Autrichiens par derrière et faire une utile diversion pour le gros de notre armée.

CHAPITRE V.

Les Chefs de corps.

Suivons en fidèles compagnons notre belle et bonne armée dans ses fatigues et ses luttes. Avant d'aller au combat, un coup d'œil au camp.

Voici ce qu'en dit un témoin oculaire :

« A la tombée de la nuit, je suis allé, dans la journée du 13, en touriste, sur les glacis de la porte del Dila pour visiter le campement du 3ᵉ de zouaves qui est arrivé de la province de Constantine depuis quatre ou cinq jours. Leurs tentes, dressées comme en campagne, étaient voisines de l'artillerie de la garde et du 4ᵉ de chasseurs, que des navires de l'État avaient ramenés le même jour d'Afrique.

C'était comme un petit coin du grand tableau de la guerre. La ville de toile avait cette régularité d'un jour, cet ordre animé, ce mouvement pittoresque et vif où l'on sent la discipline, la gaîté et un je ne sais quoi d'aventureux qui plaît. Les petites tentes étroites et trapues réservées aux sous-officiers ; leurs voisines, vastes et pareilles à des marabouts, où s'abritent les capitaines et les commandants ; d'autres encore, amples et coniques, où dorment cinq soldats, alignaient leurs longues rangées ; des groupes

Victor Emmanuel.

de zouaves causaient à voix basse devant une chandelle, occupés encore de leurs campagnes d'Afrique ; quelques-uns fumaient la pipe à l'écart, silencieusement ; deux ou trois lisaient des lettres, couchés par terre, et restaient rêveurs : ils pensaient au pays ; leurs camarades chantaient des refrains de chansons ; le refrain mourait, et le sommeil venait. Çà et là sous la toile, une petite lampe éclairait la main d'un zouave qui écrivait à la hâte une dernière lettre. Peu de bruit, un grand ordre : chaque bataillon avait sa place. A mesure que l'ombre épaississait, on voyait des étincelles rouges s'allumer dans l'air le long des tentes. Le cigare égayait la promenade, puis les étincelles disparaissaient une à une ; les feux de bivouac s'éteignaient ; les mulets des régiments échangeaient des coups de dents et s'efforçaient de briser leurs longes; tout auprès, les chevaux arabes des officiers creusaient la terre de leurs sabots, humaient l'air qui n'avait plus la senteur chaude du désert et secouaient leurs crinières le long des cordes tendues par terre. Plus loin, les chevaux solides et forts de l'artillerie étaient rangés près des fourgons et des pièces de campagne. Les sentinelles allaient et venaient sur le front de bandière d'un pas ferme et lent. Les fusils brillaient en faisceaux. Des hennissements éclataient par intervalle.

Le lendemain 14, à trois heures du matin, ce régiment, qui compte trois bataillons de guerre, 2,700 hommes, non compris les officiers, a été passé en revue par le prince Napoléon. Il avait plu toute la nuit. La vue de ces vaillants, qui combattaient encore il y a deux mois dans les montagnes de l'Aurès, réjouissait le cœur et l'enorgueillissait. Tous cuivrés par le soleil du désert, fiers, hâlés, ils attendaient avec impatience l'heure de nouveaux combats. Leurs visages, qu'on dirait taillés dans le bronze florentin, avaient cette ardeur mâle et cette confiance que donne l'habitude des longs dangers. Ils étaient en tenue de marche. A huit heures, ils partaient clairons en tête et le tarbouch au front, pour leur première étape de guerre, 27 kilomètres, et le soir ils camperont dans la montagne à Toreglia, bien près des Autrichiens.

Le 3ᵉ de zouaves aura l'honneur de tirer les premières balles contre l'ennemi : malheur au régiment qui en affrontera les baïonnettes.

Nos troupes sont campées dans une belle vallée qui se prolonge jusqu'au fleuve. Je vois le camp des hussards, les tentes des chasseurs à cheval. L'artillerie déploie ses batteries à quelques pas des crêtes occupées, pendant la bataille, par les Autrichiens ; Montebello est aujourd'hui le quartier-général du maréchal Baraguey-d'Hilliers, qui habite un palais voisin de la maison du général Ladmirault. Le général Forey occupe Casteggio ; en arrière est la division Bazaine ; et la division du général Desvaux campe dans la verdoyante vallée de la Coppa.

Un officier écrit du Piémont :

« Hier samedi, nous avons quitté Gênes à trois heures du soir, et nous sommes arrivés à Ponte Decimo à six heures et demie, après une étape de quatorze kilomètres. Ponte Decimo est un assez vilain trou, sur le chemin de fer de Gênes à Turin. On nous a fait camper dans le lit d'une rivière desséché. Une partie du régiment a pu se loger dans les granges. Nous nous en sommes bien trouvés, car cette nuit une pluie torrentielle a fait gonfler le petit ruisseau, et pas mal de tentes ont été inondées.

» Ce matin, à six heures, on nous a fait décamper, et nous sommes maintenant logés chez l'habitant, dans les granges, dans les greniers, dans les écuries. Je suis avec deux officiers de ma compagnie chez M. le curé, qui nous reçoit de son mieux. Le gouvernement nous fait le pain, le vin et le riz, et la viande quand il y en a ; le vin remplace le sucre et le café, que l'on donne aussi en campagne.

» Ce matin la pluie a continué ; elle tombe par averses. C'est surtout tant pis pour l'ennemi.

» En somme, nous y allons gaîment. Le soldat est plein d'élan et de bonne humeur. Avec un bon morceau de pain et la gaîté, tout va bien. C'est étonnant combien est légère la fatigue supportée en commun, et comme le soldat est gai et enjoué en campagne!

» Où allons-nous? nous n'en savons rien, et ça nous est parfaitement égal. Tout ce que nous demandons, c'est de rencontrer les ennemis et de nous flanquer des coups avec les Autrichiens. »

Un autre écrit :

«.... Depuis notre départ de Gênes nous avons toujours été par voies et par chemins, couchant tantôt dans les fermes, tantôt sous la tente, mais marchant dans la boue, et nous consolant d'une averse par une ondée. Le fait est que depuis huit jours nous avons un temps à ne pas mettre un Autrichien à la porte. Ce n'est vraiment pas un temps français. Mais, bah! un coup de soleil séchera tout ça. On se secouera, on rira, et tout sera dit. Et puis, faute de coups de soleil, il y aura toujours des coups de fusil. Pourvu que nous n'arrivions pas trop tard à la distribution! Heureusement que nous voilà sur les bords du Pô.

» Je dois vous dire que le poisson du Pô est excellent. Il nous semble d'autant meilleur que nous le pêchons à la barbe des Autrichiens. Nos troupiers tendent leur ligne dans le fleuve italien, en face de l'ennemi, absolument comme sur le bord du Loiret ou à l'île Arrault.

» Les Autrichiens leur tirent bien quelques coups de carabine par-ci par-là, mais sans grand résultat. Je ne les crois pas très-ferrés sur l'école du tir, et nos pêcheurs, qui n'aiment pas à se déranger, ne changent de place que quand ça ne mord plus. »

Voici ce que c'est qu'un cantonnement; écoutons toujours un correspondant :

« Je ne sais si vous êtes au courant de ce que l'on appelle cantonner des troupes. Je vais vous en dire un mot, car la chose est très-nouvelle pour l'armée française, qui, depuis les anciennes guerres, n'a jamais été que campée. Un cantonnement dans les fermes de campagne consiste en ceci : La troupe arrive, entre dans la cour de la ferme ; le chef de la troupe cherche ; granges, écuries, hangars ouverts ou fermés, pourvu qu'ils soient couverts, tout est bon. On prend au fermier toute la paille dont on a besoin pour le coucher des hommes. On s'étale dans ces hangars, granges ou écuries, et chaque homme arrange sa couchette. Il est vrai que plus tard on fait des bons au paysan pour lui faire payer ce qu'on lui prend : mais le fait-on toujours? Il est impossible que dans un cantonnement de plus de cent mille hommes, il n'y ait pas quelque pauvre diable de lésé. Il est vrai que ce pauvre diable se rattrape bien en faisant payer cher son vin, ses œufs, sa volaille, etc. La première fois que j'ai vu prendre ainsi sans gêne possession d'une maison ou ferme, que j'ai vu les hommes se passer des brassées de paille sans se soucier de rien, cela m'a serré le cœur; mais que faire? il faut bien que le militaire se couche. Et vraiment, pour la santé, le cantonnement vaut beaucoup mieux que la tente ; car s'il avait fallu camper avec les pluies torrentielles que nous avons eues, nos effectifs seraient diminués de beaucoup par les fièvres et les maladies. Et, du reste, où camper? Il n'y a pas un pouce de terrain qui ne soit une magnifique culture.

» Pendant les trois jours que j'ai passés en avant de Tortone, j'ai recueilli quelques détails sur la contribution que les Autrichiens ont imposée aux différentes villes qu'ils ont occupées. Tout ce qu'il y avait d'odieux dans les récits disparaît presque, à part quelques faits isolés et que l'on doit attribuer à des pillards. A mon avis, ils n'ont fait qu'user du droit de la guerre, qui autorise parfaitement à vivre en pays ennemi. Mon avis est partagé par tout le monde ici. Il est certain que si nous avions fait chose pareille en Autriche, nous n'y verrions pas grand mal.

» La joie des populations que nous traversons est immense. A Tortone, nous avons été reçus avec le plus grand enthousiasme. Les rues étaient brillamment pavoisées ; la garde nationale, musique en tête, nous a rendu les honneurs. Elle avait de beaux fusils ; que ne s'en est-elle servie contre les quelques Autrichiens qui sont venus l'imposer ?

» Encore si le temps avait été beau ; mais c'était comme en France, voilà trente-six heures qu'il pleut sans discontinuer. Alexandrie est comme un lac de boue. Les drapeaux et les banderoles déteignent et pendent lourdement dans les rues ; la place del palazzo Reale est un marais. C'est au palais royal même que l'Empereur a son quartier général. Hier, S. M. a reçu le maréchal Canrobert et le général Niel. Le soir même on donnait une représentation solennelle au théâtre municipal. Un acteur a déclamé une cantate. Aujourd'hui les vers, demain les balles. Ce qui ne lasse pas mon étonnement, c'est la bonne humeur et la désinvolture des soldats. Ceux-là quittent Paris, ceux-ci la charrue, et les voilà pliés à la guerre avec cette souplesse et cette gaîté qui sont l'une des faces du caractère français.

» Je ne m'étais pas promené un quart d'heure dans la ville, que j'avais déjà compté six numéros de régiments. Tous les villages, tous les bourgs, tous les hameaux des environs sont remplis de troupes comme les casernes. Ce matin une batterie d'artillerie est entrée : elle était tout entière attelée de chevaux blancs.

» Pas une maison qui n'ait deux ou trois officiers, pas une chambre qui n'ait son locataire. Les plus méchantes auberges de la ville sont envahies. On se dispute les petits coins.

» Un pauvre paletot civil a fort affaire pour trouver un réduit où il ait la liberté de se sécher un peu, et quel réduit !

» S'il m'était permis de raconter les tribulations d'un simple voyageur au début de cette Iliade qui tient le monde en éveil, je vous dirais par quelle suite d'épreuves il m'a fallu passer pour trouver une chambre..... non, un repaire, à la *Grande auberge de l'Europe*, tenue par il signore Pietro Toberti ; un lit orné d'une courte-pointe que le gant d'une Parisienne n'oserait pas toucher ; une cuvette où l'araignée laborieuse filait sa toile ; un carreau ébréché comme par un bombardement ; un fauteuil inhospitalier et revêche, des rideaux que de longs services avaient transformés en guipure. Cet aimable séjour ouvre sur une galerie intérieure sur laquelle les poules et les coqs se promenaient par longues bandes ; un oiseau, un merle, je crois, chante avec entêtement un air qui ne varie jamais et que la nuit n'interrompt pas. Ah ! si l'on avait des nerfs ! Dans la cour, d'où s'exhale une odeur de cuisine infernale, crie, hurle, se démène et glapit sans relâche un groupe effroyable de facchini dépenaillés et noirs comme la suie.

» Il faut se taire sur le dîner ; il y a des désastres qu'on ne raconte pas.

» La nuit venue, deux poules et un coq cochinchinois, partisans de l'invasion, avaient élu domicile sur le baldaquin de mon lit ; car il y avait un baldaquin !

» Au demeurant, l'albergo del Europa est orné de fresques du haut en bas.

» Naturellement, avec tout cela, les moissons doivent être dans un assez triste état. Voilà un des mauvais côtés de la guerre, et ce qui doit nous faire bénir la Providence d'en préserver notre patrie.

» Je suis parvenu à Valenza, où l'on se trouve entièrement dans un camp retranché. Les troupes françaises, chasseurs de la garde, artillerie et détachements de ligne, se partagent les tentes avec les troupes piémontaises. Les soldats ont installé au pied des maisons leurs cuisines ambulantes, et,

de distance en distance, dans la plaine, on aperçoit des groupes de trois ou quatre tentes qui ont établi avec les détachements de la ville des relations continuelles pour le service de surveillance et l'échange des vivres.

» Sur la grande place de la ville, le spectacle change : ce ne sont plus des soldats que l'on voit campés sous des abris de planches ou dans des ruelles qui aboutissent au centre, mais bien des familles entières de paysans. Ces pauvres diables ont quitté leurs fermes et leurs maisons ; les exigences de la défense militaire le commandaient ; et ils vivent là pêle-mêle, tristes un peu, mais soutenus par l'espérance d'un avenir qui rachètera toutes ces douleurs et toutes ces privations.

» De temps à autre les hommes valides s'aventurent dans la campagne et vont reprendre les travaux abandonnés. Quels regrets leur cause la vue de magnifiques récoltes de blés, de maïs, de mûriers, qui demanderaient encore quelques soins et qu'il leur faut abandonner ! Les sillons sont envahis par les herbes parasites, mais le danger menace quiconque s'aventure dans les champs sur toute la rive du Pô. Les Autrichiens sont sur l'autre rive, et les Tyroliens visent tous les *points noirs* qui paraissent à l'horizon.

» Je ne pourrais dire cependant que la vue qu'offre la campagne est pleine de cette tristesse que cause l'abandon. Si vertes sont les prairies, si riantes sont les fleurs qui émaillent les blés, qu'on s'aperçoit à peine du silence qui règne dans les maisons. Et pourtant, à une demi-lieue à la ronde de Valenza, les maisons sont désertes, les hangars sont vides. Plus de portes, plus de fenêtres aux ouvertures. Plus de fourrage dans les greniers; les instruments aratoires gisent dans les fossés, et les hôtes de la basse-cour rôdent sur le fumier pour y chercher quelque grain que le vent emporte au loin. Ce qui est triste, c'est surtout la vue de ces arbres que la hache des sapeurs a dû abattre, et que le génie militaire a transformés en chevaux de frise. La plupart sont des mûriers, et chaque feuille qui sèche avait son prix pour le cultivateur, pour l'industrie, pour le commerce. Dans trente ans, ces pertes ne seront pas rachetées; mais dans un mois, s'écrie le paysan, bientôt consolé, l'Italie sera indépendante.

» A mesure qu'on approche de Casale, le spectacle prend un caractère d'une tristesse navrante.

» La campagne est belle, mais personne n'est là pour en recueillir les moissons. Ni fermiers, ni paysans, ni bergers, pas un être vivant dans cette plaine où la vigne étend ses pampres verts, où le blé ondule. Les fermes sont abandonnées, les villas désertes; la chèvre ne broute plus le long du sentier, la vache ne rumine pas dans l'herbe. On a enlevé des maisons vides les meubles et jusqu'aux portes et fenêtres; des rangées de mûriers énormes sont couchés par terre, coupés à deux ou trois pieds du sol; les troncs et les branches où la feuille se flétrit servent de chevaux de frise.

» C'est le tableau de la désolation au milieu de toutes les richesses et de tous les sourires du printemps. Mais qu'importe aux Piémontais? ils sont prêts à tous les sacrifices! »

CHAPITRE VI.

Bataille de Montebello.

Voici un nom associé à la gloire de la France ; déjà sous le Consulat le maréchal Lannes y a remporté une victoire et conquis son titre de duc de Montebello. Un de ses fils, le général Gustave de Montebello, se trouve en Italie : il est aide de camp de l'Empereur.

Pour raconter ce brave fait d'armes, nous allons donner la parole au général Forey qui commandait la division engagée, et qui ce jour-là, dit la dépêche de l'Empereur, s'est couvert de gloire.

Armée d'Italie.

1er CORPS. — 1re DIVISION.

Rapport officiel de M. le général Forey, transmis par S. Exc. le maréchal Baraguey-d'Hilliers à l'Empereur.

Voghera, le 20 mai 1859, minuit.

« Monsieur le maréchal,

» J'ai l'honneur de vous rendre compte du combat que ma division a livré aujourd'hui.

» Averti à midi et demi qu'une forte colonne autrichienne, avec du canon, avait occupé Casteggio et avait repoussé de Montebello les grand'gardes de cavalerie piémontaise, je me suis porté immédiatement aux avant-postes, sur la route de Montebello, avec deux bataillons du 74e, destinés à relever deux bataillons du 84e cantonnés sur cette route, en avant de Voghera, à hauteur de la Madura.

» Pendant ce temps, le reste de ma division prenait les armes ; une batterie d'artillerie (6e du 8e régiment) marchait en tête.

» Arrivé au pont jeté sur le ruisseau dit Fossagazzo, extrême limite de nos avant-postes, je fis mettre en batterie une section d'artillerie, appuyée à gauche par deux bataillons du 84e, bordant le ruisseau avec leurs tirailleurs.

» Pendant ce temps, l'ennemi avait poussé de Montebello sur Ginestrello, et ayant été informé qu'il se dirigeait sur moi en deux colonnes, l'une par la grande route, l'autre par la chaussée du chemin de fer, j'ordonnai au bataillon de gauche du 74e de couvrir la chaussée à Cascina Nuova, et à l'autre bataillon de se porter à droite de la route, en arrière du 84e.

» Ce mouvement était à peine terminé qu'une vive fusillade s'engageait sur toute la ligne entre nos tirailleurs et ceux de l'ennemi qui marchait sur nous, soutenant ses tirailleurs par des têtes de colonne débouchant de Ginestrello. L'artillerie ouvrit son feu sur elles avec succès ; l'ennemi y riposta.

» J'ordonnai alors à ma droite de se porter en avant. L'ennemi se retira devant l'élan de nos troupes ; mais s'apercevant que je n'avais qu'un bataillon à la gauche de la route, il dirigea contre lui une forte colonne. Grâce à la vigueur et à la fermeté de ce bataillon, commandé par le colonel Cambriels, et à des charges heureuses de la cavalerie piémontaise, admirablement conduite par le général de Sonnaz, les Autrichiens durent se retirer.

» A ce moment, le général Blanchard, suivi du 98e et d'un bataillon du 91e (les deux autres étaient restés à Oriolo, où ils ont eu un engagement), me rejoignait et recevait l'ordre d'aller relever le 74e, chargé de défendre la chaussée du chemin de fer et de s'établir fortement à Cascina-Nuova.

» Rassuré de ce côté, je poussai de nouveau ma droite en avant, et m'emparai, non sans une résistance sérieuse, de la position de Ginestrello. Jugeant alors qu'en suivant avec le gros de l'infanterie la ligne des crêtes, et la route avec mon artillerie protégée par la cavalerie piémontaise, je m'emparerais plus facilement de Montebello, j'organisai ainsi mes colonnes d'attaque sous les ordres du général Beuret.

» Le 17e bataillon de chasseurs, soutenu par le 84e et le 74e, disposés en échelons, s'élancèrent sur la partie sud de Montebello, où l'ennemi s'était fortifié.

Il s'engagea alors un combat corps à corps dans les rues du village, qu'il fallut enlever maison par maison. C'est pendant ce combat que le général Beuret a été blessé mortellement à mes côtés.

» Après une résistance opiniâtre, les Autrichiens durent céder devant l'élan de nos troupes, et, bien que vigoureusement retranchés dans le cimetière, ils se virent encore arracher à la baïonnette cette dernière position, aux cris mille fois répétés de : Vive l'Empereur !

» Il était alors six heures et demie ; je jugeai qu'il était prudent de ne pas pousser plus loin le succès de la journée, et j'arrêtai mes troupes derrière le mouvement de terrain sur lequel est situé le cimetière, garnissant la crête avec quatre pièces de canon et de nombreux tirailleurs qui refoulèrent les dernières colonnes autrichiennes dans Casteggio.

» Peu de temps après, je vis les colonnes autrichiennes évacuer Casteggio, en y laissant une arrière-garde, et se retirer par la route de Casatisma.

» Je ne saurais trop me louer, monsieur le maréchal, de l'entrain de nos troupes dans cette journée ; tous, officiers, sous-officiers et soldats, ont rivalisé d'ardeur. Je n'oublierai pas non plus les officiers de mon état-major, qui m'ont parfaitement secondé.

» J'aurai l'honneur de vous adresser ultérieurement les noms de ceux qui se sont le plus particulièrement distingués.

» Je ne connais point encore le chiffre exact de nos pertes ; elles sont nombreuses, surtout en officiers supérieurs, qui ont payé largement de leur personne. Je les évalue approximativement au chiffre de 600 à 700 hommes tués ou blessés.

» Celles de l'ennemi ont dû être considérables, à en juger par le nombre des morts trouvés, surtout dans le village de Montebello.

» Nous avons fait environ 200 prisonniers, parmi lesquels se trouvent un colonel et plusieurs officiers.

» Plusieurs caissons d'artillerie sont également tombés en notre pouvoir.

» Pour moi, monsieur le maréchal, je suis heureux que ma division ait été la première engagée avec l'ennemi. Ce glorieux baptême, qui réveille un des beaux noms de l'Empire, marquera, je l'espère, une de ces étapes signalées dans l'ordre du jour de l'Empereur.

» Je suis avec respect,

» Monsieur le maréchal,

» Votre très-humble et très-obéissant serviteur,

» *Le général commandant la 1re division du 1er corps,*

» FOREY. »

P. S. « D'après les renseignements qui me viennent de tous côtés, les forces de l'ennemi ne sauraient être au-dessous de 15 à 18,000 hommes ; et, si j'en croyais les rapports des prisonniers, elles dépasseraient de beaucoup ce chiffre. »

Maintenant, donnons la parole aux témoins oculaires :

Alexandrie, 21 mai, 3 heures de l'après-midi.

« C'est par des cris de victoire que la population d'Alexandrie a été réveillée ce matin. Le sang français a coulé, mais nos aigles ont reparu dans toute leur gloire sur la plaine où elles s'illustrèrent il y a cinquante ans. La jeune France aura sa bataille de Montebello.

» Hier, vers une heure de l'après-midi, les avant-postes piémontais qui surveillent nos lignes devant Voghera entendirent le bruit d'une canonnade dans la direction du petit village de Casteggio, et prévinrent aussitôt le général Forey. Celui-ci, ne croyant, sur les indications qui lui étaient four-nies, qu'à une simple reconnaissance des Autrichiens, s'avança immédiatement avec environ 500 hommes. Ces hommes furent placés en éclaireurs, et bientôt on vit arriver l'ennemi au nombre de plus de 12,000, y compris un détachement de cavalerie et deux batteries d'artillerie.

» Ordre fut aussitôt donné par le général Forey de faire avancer le reste de sa division, et, tandis que cet ordre s'exécutait, les 500 hommes te-

Le prince Napoléon.

naient en échec l'armée autrichienne. A ce moment, il paraît que nos soldats ont été vraiment admirables. Durant quelques instants, on a vu le colonel Cambriels, ayant à peine 100 hommes autour de lui, ordonner un feu vigoureux et prendre lui-même part à une résistance tout héroïque.

» A l'arrivée de la division, l'engagement est devenu plus général ; l'artillerie n'a pu fonctionner très-rapide-ment, par suite du mauvais état du terrain ; toutefois, pendant que quelques canons étaient tournés efficacement contre le gros des Autrichiens, deux pièces furent montées à bras par nos artilleurs sur une petite butte et purent balayer la plaine avec grand succès.

» Reçus et bientôt serrés de près avec un élan extraordinaire, les Autrichiens se sont retirés, et nos troupes

les ont suivis jusqu'à Montebello. Elles les ont délogés de ce village à force
de vigueur et d'énergie. Chaque maison a dû être attaquée ; dans chaque
rue des combats particuliers ont été
livrés ; mais, à aucun moment et sur
aucun point, la supériorité numérique de l'ennemi n'a prévalu. Après
l'occupation de Montebello a eu lieu
celle de Casteggio. Les résultats ont
été les mêmes et sont d'autant plus
remarquables, que les Autrichiens se
trouvent agresseurs, et qu'ils ont
perdu plus de terrain qu'ils n'en au-
raient perdu peut-être s'ils avaient attendu une attaque.

» Les renseignements qui circulent
depuis ce matin sont bien vagues. J'en
ai recueilli de tous côtés ; mais à
l'heure où je vous écris, on attend les
détails circonstanciés que l'Empereur
aura recueillis lui-même. En effet,
Sa Majesté, informée hier au soir,
vers sept heures, par l'intendance
sarde, est partie ce matin de très-
bonne heure pour se rendre sur le
champ de bataille. Dans la soirée,
M. le prince de la Tour d'Auvergne
était parti pour précéder l'Empereur,
ainsi que plusieurs officiers de l'état-
major général. Ces officiers ont passé
toute la nuit à recueillir des renseignements, mais il faut attendre que
les lignes se reforment, et c'est dans
la journée seulement que l'Empereur
aura pu lui-même prendre connais-
sance de tous les incidents de ce beau
fait d'armes. Sa Majesté a emmené
avec elle M. le général Fleury, le chi-
rurgien en chef Larrey, l'abbé Laine,
son aumônier, et un aumônier d'un
des régiments de la garde.

» D'après les premiers récits officiels revenus cet après-midi au quartier impérial, la perte de la division
Forey serait de 600 hommes environ
mis hors de combat. On s'est battu à
300 mètres, et vous comprendrez parfaitement qu'à pareille distance tous
les coups portent, surtout avec les armes de précision dont disposent aujourd'hui les soldats autrichiens aussi
bien que nos soldats. Le corps qui aurait perdu le plus, relativement, serait
l'artillerie ; les hommes serrés les uns
contre les autres pour le service des
pièces, se trouvaient particulièrement
exposés aux balles ennemies. La perte
en chevaux est également importante.

» Ce combat nous a coûté, en outre, un général et un commandant ;
plusieurs officiers supérieurs et un
grand nombre d'officiers ont été blessés. L'élan de ces derniers, me dit-on,
est au-dessus de tout éloge. Ils ont
payé bravement de leur personne, non
qu'ils eussent à exciter les soldats,
mais parce que l'infériorité de notre
nombre les obligeait en quelque sorte
à grossir les bataillons et à faire feu
avec leurs hommes. Le général tué
est le général d'infanterie Beuret,
l'ancien colonel du 39ᵉ de ligne, qui
a gagné ses épaulettes de général en
Crimée (1). Il est mort, d'ailleurs, en
pleine victoire. Il a été la dernière vic-
time de l'engagement. Les Autrichiens
hâtaient leur retraite, quand une balle
perdue est venue atteindre au front le
général Beuret dont la conduite avait

(1) Plusieurs journaux, confondant le général d'infanteri avec le général v.comte
Beuret, qui appartient à l'artillerie, donnent
aujourd'hui la nécrologie de ce dernier.

été des plus brillantes. Cette perte sera vivement sentie dans l'armée ; on regrettera à la fois un officier distingué et un homme excellent ; mais la consolation de ses amis sera le souvenir qui attache son nom au premier fait d'armes de l'armée d'Italie.

» La conduite du général Forey a été pleine d'héroïsme. Ce mot est répété de bouche en bouche, et je tiens d'autant plus à l'écrire, qu'il a été employé par les soldats eux-mêmes du général. On peut dire que les circonstances qui ont amené au feu la division Forey sont des circonstances heureuses pour son chef, et que celui-ci a été à leur hauteur. Le général s'est trouvé un moment auprès des lignes autrichiennes seul avec l'un de ses aides de camp, pendant que les autres officiers d'état-major partaient dans toutes les directions pour amener le reste de la division au secours des 500 hommes arrivés les premiers. Dans cette position, les balles sifflaient autour du général Forey ; mais il n'a pas cessé d'exciter ses soldats, et, quand la déroute des Autrichiens a commencé, il est monté sur une espèce d'observatoire, donnant avec un grand sang-froid les ordres pour la poursuite. A sa descente du monticule, les soldats ont acclamé leur général. Ces faits sont exacts et je vous les garantis. Ils ne sont point seulement à l'honneur d'un homme, ils font rejaillir la gloire d'un seul sur toute l'armée.

» La conduite du colonel Cambriels n'a pas été moins admirable. Entouré de ses cent hommes, que le feu ennemi a presque épargnés, il a fait une résistance qui a préparé le résultat de la journée. Grâce à lui, les renforts ont pu arriver, et la défaite des Autrichiens n'a pas été un moment douteuse.

» Le colonel Cambriels est un ancien aide-de-camp de l'Empereur. Il a été capitaine adjudant-major en Afrique, et s'est signalé par son impétuosité au 4e bataillon de chasseurs à pied. Il avait déjà, en d'autres circonstances, montré une énergie et un sang-froid qui attirèrent sur lui l'attention de ses chefs et bientôt celle de l'Empereur. Le combat de Montebello sera dans sa vie une page digne des précédentes.

» On signale aussi tous les officiers d'état-major de la division, et entre autres le brave lieutenant-colonel d'Auvergne, chef d'état-major du général Forey. Les officiers ont tous donné l'exemple et payé constamment de leurs personnes. Malheureusement, plus d'un a succombé.

» Je ne cache pas, vous le voyez, les pertes de notre armée. Pourquoi les cacher d'ailleurs ? L'opinion publique aura à revenir d'une de ses erreurs les plus communes ; elle devra s'habituer à croire à la fidélité des bulletins de l'armée, et je ne fais que devancer les récits officiels en disant toute la vérité. Il se peut même que j'exagère. Cette lettre est écrite si vite, que je risque fort de me tromper sur certains points. Quant au fond, je le crois exact.

» Je dois maintenant vous parler des Autrichiens. J'ai dit qu'ils étaient au nombre de 12,000 hommes. Leur perte est, assure-t-on, de 2,000 tués ou blessés et de 200 prisonniers. Dans ces prisonniers, se trouvent 1 colonel blessé et 20 officiers. En fait de matériel, on n'a pris qu'un caisson, et cette prise n'est, en réalité, qu'un échange, car nous aussi nous avons perdu un caisson.

» En quittant les villages occupés par notre armée, les Autrichiens se sont enfuis en déroute complète et ont pris la direction de Pavie, emportant, d'ailleurs, beaucoup de leurs blessés. La poursuite eût été facile ; mais le général Forey a cru devoir se contenter d'établir de fortes garnisons à Casteggio et à Montebello. Ce dernier village, qui domine la plaine, est une excellente position. On dit encore que c'est le manque de cavalerie et de munitions qui a empêché le général Forey de recueillir tous les avantages de la journée. »

Un grand intérêt s'attache à cette première victoire. Encore quelques détails.

« Voulant me rendre un compte exact du premier fait de guerre avant de vous en parler, je suis parti hier au soir de Turin à dix heures, et suis arrivé à Alexandrie à une heure ; d'Alexandrie à Tortone, j'ai été en carriole, et de Tortone à Voghera à pied, cinq lieues. J'étais rendu à cinq heures du matin à Voghera, et à sept heures voici les renseignements que j'ai pu recueillir :

« Les Piémontais s'aperçurent à onze heures du matin que les Autrichiens ouvraient des marches en colonnes profondes. Ils étaient 900 h. de cavalerie commandés par le colonel de Sonnaz. Malgré une charge brillante ils durent rétrograder jusqu'à Casteggio, qu'ils abandonnèrent pour se replier sur Montebello. Les Autrichiens avancèrent toujours en colonnes énormes jusqu'à Montebello où ils se fortifièrent. C'est alors seulement que les chevau-légers piémontais remontèrent au campement de la division Forey. On fit de suite tête de colonne, et les Piémontais revinrent bravement à la charge six fois de suite, pour arrêter l'ennemi, et permettre aux Français, prévenus de cette attaque, d'arriver en ligne.

» C'est dans une de ces charges héroïques que fut tué l'intrépide commandant Morelli des chevau-légers ; un régiment de ligne français arriva le premier seul en face de l'ennemi, l'attaqua à la baïonnette, l'artillerie n'ayant pu suivre, et fit hésiter l'Autrichien, qui commença à osciller.

» C'est dans ce premier moment aussi, que les pertes ont été sensibles. Bientôt d'autres régiments arrivèrent sur le lieu du combat. Alors on poussa l'ennemi, l'épée dans les reins, jusqu'à Montebello, dont on dut presque faire le siége, les Autrichiens s'étant retranchés dans les maisons et les cimetières.

» Le peu de Français engagés, le nombre considérable des ennemis, et l'absence presque complète de cavalerie et d'artillerie, expliquent la durée du combat et l'importance de nos pertes, car, outre le général Beuret et les commandants tués, nous avons environ 700 hommes hors de combat. Presque tous les colonels présents à l'action sont blessés, ce qui prouve à quel point les chefs se sont prodigués dans une affaire qui fait d'autant plus d'honneur à notre armée, qu'avec une énorme infériorité numérique, peu de matériel et pas de dispositions prises à l'avance, puisque ce combat a été complétement imprévu, l'ennemi a perdu 2,000 hommes et plus de 250 prisonniers. S'il a voulu se donner un avant-goût du pantalon rouge, il a été servi à souhait.

» Devant le cimetière on a creusé deux fosses énormes. C'est dans ces deux fosses, recouvertes de terre glaise toute fraîche, que sont enterrés les soldats autrichiens. Les soldats français tués dans cette journée ont été inhumés dans l'enceinte du vieux cimetière. Une simple croix de bois marque l'endroit où ils reposent.

» Le champ de bataille, sauf le triste spectacle des morts et des blessés qui ont été enlevés, présente encore aujourd'hui l'aspect qu'il avait le soir du combat. Les blés sont piétinés, des flaques de sang noir et séché par le soleil *inondent les sillons;* j'ai vu un gilet de toile autrichien tout ensanglanté, des cols, des schakos, des morceaux de tuniques; hier on a encore trouvé dans les blés deux cadavres autrichiens, dont l'un était celui d'un enfant de quinze ans à peine. Il portait pendu à son col un médaillon représentant une femme âgée ; sans doute sa mère !

» Un jeune capitaine d'état-major, M. Nau de Champlouis, aide de camp du général Ladmirault, m'a raconté que des soldats venaient de découvrir dans la matinée même un blessé autrichien qui, depuis le jour du combat, se tenait caché dans une barrique. Ce

qu'il y a de vraiment extraordinaire, c'est que cet homme blessé de deux balles, l'une à la cuisse, l'autre dans le bras, était resté dans cette étroite cachette sans pousser une plainte et sans être entendu de nos soldats, qui, depuis trois nuits, couchaient auprès de lui dans la même cave. Quand on lui a demandé pourquoi il n'avait point osé appeler à son secours, il répondit que la crainte seule l'avait retenu. Ses chefs lui avaient dit que les Français ne faisaient pas de quartier, et qu'ils tranchaient la tête de leurs prisonniers. Ce malheureux a été aussitôt couché sur un brancard-lit et transporté à Voghera sur les épaules de quatre chasseurs d'Afrique. Il fallait voir avec quelle bonté nos chasseurs, ne pouvant lui parler, lui prenaient la main, la pressaient doucement pour le rassurer ! »

Parlons maintenant des prisonniers.

« Je viens de voir, par permission extraordinaire, le premier convoi de prisonniers autrichiens, qui arrive d'Alexandrie et s'embarque dans une heure pour Marseille.

» Les autres iront, dit-on, en Algérie.

» C'était un spectacle très-curieux. Des soixante prisonniers que j'ai vus, il y en a cinq ou six qui ont vingt-cinq ans. Les autres sont des enfants. L'un, le fils d'un comte autrichien, s'était engagé depuis vingt jours, — il n'est pas content de son début. — En les voyant, on se demande ce que l'Autriche peut faire avec ces enfants-là contre nos vieux africains.

» Tous sont uniformément vêtus de la veste grise, du pantalon bleu, très-élégamment soutaché. Les sous-officiers portent au collet des étoiles, en nombre différent, selon le grade. Les officiers ont la grande tunique grise, qui leur donne l'air d'infirmiers, et le shako semblable à celui de notre artillerie. Il y a deux officiers prisonniers, logés à part. L'un, un géant hongrois, paraissait d'une humeur de dogue en voyant la curiosité de nos soldats. L'intendance a pour eux des égards sans exemple.

» En revanche, les soldats prisonniers paraissent très-peu tristes. — D'abord, on leur a donné à chacun une petite somme (10 francs, dit-on) pour leurs petites dépenses. — Ils sont bien nourris. — Grâce à un artilleur alsacien qui causait avec un bon enfant de sergent-major autrichien, j'ai su qu'ils n'avaient qu'une crainte, c'est de retourner dans leur pays, où ils n'ont de viande qu'une fois la semaine et où ils sont battus.

» Les soins dont ils sont l'objet sont d'une bonne tactique.

» Je tiens ce détail d'un des colonels blessés à Casteggio et qui vient se rétablir à Gênes : les blessures de presque tous nos hommes sont peu dangereuses. Ce ne sont que des éclats de mitraille. Avant un mois, les trois quarts de nos blessés seront rentrés au corps.

» Il n'y a qu'une voix pour louer la bravoure sans égale du général Forey. Il a reçu une balle dans le pommeau de sa selle.

» La cavalerie piémontaise s'est conduite comme la cavalerie de lord Raglan à Inkermann (mot d'officier). Je vous assure que maintenant on prend les soldats piémontais pour des soldats argent comptant.

» Il était, hier soir, six heures et demie. On se promenait par un temps clair sur la grande place. La journée avait été pleine d'émotions inutiles. On causait des bruits qui avaient circulé, lorsque tout à coup un flot de peuple se précipite sur la place, curieux, avide, haletant. On se presse, on se pousse ; beaucoup de tumulte et pas de bruit ; seulement une rumeur sourde partout. Un mot frappe mon oreille : *Austriaci!* Je regarde.

» Quatre chasseurs à cheval, le sabre nu, sortaient de la via Larga. Ils précédaient deux voitures derrière lesquelles marchait une file de soldats sans armes, vêtus d'une tunique de grosse toile blanche et d'un pantalon bleu ; d'autres chasseurs à cheval flanquaient la colonne ; c'étaient quelques-uns des vaincus de Montebello.

» Tous ces prisonniers étaient jaunes, pauvrement habillés et coiffés d'une méchante casquette ou d'un petit shako couleur de cendre; plusieurs avaient la capote militaire roulée et suspendue en sautoir ; quelques-uns portaient ce pantalon collant et ces bottines lacées que tant de gravures ont popularisées à Paris. Dans la première voiture, deux officiers étaient assis ; l'un d'eux, à demi couché et la tête comme ensevelie dans un coin entre ses bras, ne laissait voir que ses jambes. L'autre, immobile, droit, se montrait en plein, et promenait partout un regard fier et triste. On voyait sur les manches et le collet de son habit les broderies d'argent, indice de son grade.

» La seconde voiture, une charrette, contenait sept ou huit hommes assis sur la paille, des blessés peut-être, et derrière venaient leurs camarades, silencieux, fatigués, tout poudreux. Un grenadier de la garde, qui était au nombre des curieux, s'est tout à coup avancé vers l'un des prisonniers et lui a frappé amicalement sur l'épaule en appuyant ce geste de quelques paroles allemandes.

Aux sons de la langue maternelle, le prisonnier a tressailli. Quel sourire sur sa figure ! Il a tendu ses deux mains à l'Alsacien. C'était comme un coin de la patrie perdue qui s'ouvrait pour lui.

» L'Empereur, attiré par cette rumeur qui grondait sourdement sur la place, a paru à une fenêtre et les a vus. Un quart d'heure après, il a fait remettre 10 fr. à chaque soldat et 100 fr. à chaque officier. Dans les soins, tous les égards compatibles avec la guerre ne leur manqueront pas.

» Une heure ou deux après, le dernier convoi de blessés du combat de Montebello arrivait à la gare. J'ai vu descendre les uns après les autres Français, Piémontais, Autrichiens, et parmi eux le colonel Dumesnil, frappé légèrement au-dessus du sourcil, et ferme sur ses jambes.

» Il y avait là des cavaliers des régiments de Novarre et de Montferrat, des chasseurs de Vincennes, des soldats des quatre régiments de ligne engagés, deux zouaves, un capitaine les yeux presque fermés, la tête ensanglantée, un certain nombre de prisonniers autrichiens, ceux-ci atteints sans gravité, ceux-là presque mourants

» Un voltigeur gisait à l'écart. Trois balles l'avaient frappé du même coup, à la cheville, au genou, à la hanche.

» Les blessures, certainement, on s'en passerait, disait-il ; mais ce qui m'enrage, c'est de n'avoir pas pu seulement décharger mon fusil. Au premier feu, crac ! j'ai attrapé tout ça. Est-ce bête !

» J'ai vu par hasard chez un officier quelques-unes des balles qui servent aux armes de précision des chasseurs tyroliens. Elles sont d'un calibre plus faible que celles de nos fusils à tige et on y remarque deux profondes cannelures circulaires. »

Enfin, pour terminer, voici une lettre d'un sergent-fourrier qui contient de charmants détails :

« Hier matin, à onze heures, nous étions au campement, à deux portées de fusil en avant de Voghera, assis en rond autour d'une large marmite où mijotaient, pour le déjeuner de l'escouade, quelques tranches de lard dans beaucoup d'eau ; tout à coup une pétarade de coups de fusil assez vive se fait entendre dans la direction des hauteurs de Casteggio.

» Nous nous levons, il fallait voir avec quelle rapidité !

» Nous sautons sur nos armes et nous attendons.

» Pendant dix minutes, rien ; la fusillade continuait, nous apercevions une grande animation dans nos grand'gardes.

» Nous n'étions là que deux compagnies de soutien, ce n'était guère, vous pensez, en cas d'attaque. Notre capitaine allait et venait, les coups de feu paraissaient se rapprocher, et toujours des grand'gardes, rien de Voghera.

» C'était à n'y rien comprendre.

» Nous écoutions, la main crispée sur le canon de nos carabines. Tout à coup le *qui vive!* des sentinelles avancées se fait entendre, et il est répété par les grand'gardes.

» Un cavalier lancé au galop, tête nue, couvert de boue et de sang, passe auprès de nous; il portait l'uniforme d'officier sarde. Couché sur les crins de sa bête, il lui labourait les flancs à coups d'éperon; son sabre nu pendait au poignet droit; il nous cria : *Aux armes! les Autrichiens!* Et il disparut au tournant du chemin.

» Nous voulions partir, quelques-uns s'étaient élancés en avant : le capitaine se jeta au travers de la route, en menaçant de passer son sabre dans le ventre du premier qui bougerait.

» Et il l'aurait fait! Nous sommes rentrés dans l'ordre. Il n'y avait pas cinq minutes que l'officier sarde était passé, nous entendîmes les clairons sonner le rappel au camp, et presque au même instant le général Forey, avec trois aides de camp, passait ventre à terre; derrière lui, au pas gymnastique suivait le 17e chasseurs qui nous rallia, et un quart-d'heure après nous nous jetions en tirailleurs le long d'une petite rivière dont le nom m'échappe.

» Notre mission était de protéger l'établissement d'une batterie destinée à battre en brèche la tête de colonne autrichienne. Sur l'indication du lieutenant, mes douze hommes et moi nous nous portâmes derrière un pli de terrain parfaitement commode pour masquer notre feu et nous mettre à couvert.

» Nous n'étions pas couchés le ventre dans la boue, qu'une poignée de Tyroliens, cachés par les arbres de gauche, ouvrent le feu sur nos camarades, beaucoup plus découverts que nous l'étions. En moins de temps que je ne mets à vous l'écrire, ils nous avaient couché quinze des nôtres par terre. Cela nous mit en rage; mes hommes et moi, sans nous concerter, sans nous le dire, nous sautons à l'eau et nous courons à la baïonnette sur les trente ou quarante chasseurs que nous apercevions, et derrière lesquels on en apercevait d'autres. Notre exemple entraîne trois compagnies, et bientôt un bataillon du 74e. Mal nous en a pris : accueillis par un feu bien nourri, nous avons dû rétrograder, car nous n'avions plus affaire à quelques centaines de Tyroliens, mais bien à une colonne énorme, forte d'au moins 8,000 hommes, qui s'avançait par la chaussée du chemin de fer.

» Nous gênions nos artilleurs : le commandant Lacretelle fait sonner la retraite, nous frémissions de colère. Heureusement nous ne reculâmes guère; on nous établit près de Cascina-Nuova, avec ordre de faire feu à volonté, le plus possible.

» Donc, pendant deux heures, debout, à genoux, cachés, allant à droite, courant à gauche, immobiles, nous avons brûlé nos cartouches, les premières! Nous n'étions pas à plus de 250 mètres de l'ennemi.

» Les officiers nous retenaient parce que nous n'étions pas en nombre pour courir à *la fourchette* ! Du reste, c'était le plus prudent : cette fusillade, meurtrière pour les uniformes blancs, ne nous faisait que peu de mal. Nos balles coniques pénétraient toutes dans ces masses profondes, celles des Autrichiens sifflaient à nos oreilles et nous respectaient.

» C'est la première fois que je voyais le feu et je n'étais pas le seul. Eh bien ! j'ai été content de moi ! Dame ! j'ai *salué* les premières balles, c'est vrai ; mais Henri IV, dit-on, en faisait autant au commencement de chaque bataille.

» Puis, c'est là un effet physique indépendant de la volonté.

» Mais ce tribut payé, Monsieur, si vous saviez comme chaque détona-

Canrobert.

tion électrise ! C'est comme un coup de fouet dans les jambes pour un cheval de course.

» Les projectiles sifflent à vos oreilles, soulèvent la terre autour de vous, tuent l'un, blessent l'autre ; c'est à peine si vous y faites quelque attention. Vous êtes pris ; l'odeur de la poudre prend à la gorge et monte au cerveau. L'œil s'injecte de sang, le regard est fixe, tendu sur l'ennemi ;

il y a toutes les passions dans cette passion terrible qu'éveillent chez un soldat la vue du sang et le bruit du combat.

» Ainsi que je le disais plus haut, notre compagnie n'a pas eu trop à souffrir de cet engagement *à la cible* ! Mon sous-lieutenant, M. R..., a été blessé au moment où il venait de jeter à bas son troisième Autrichien avec le fusil de mon sergent-major, tué roide de deux balles, l'une à la tête, l'autre au cou.

» Nos artilleurs, pendant ce temps, faisaient merveilles, et leurs boulets perçaient à jour les rangs ennemis, qui ripostaient d'ailleurs en fort bons termes.

» Tout cela finit par où l'on aurait peut-être dû commencer. Le colonel Dumesnil tombe de cheval, blessé; on l'entoure, on crie : *A la baïonnette!* et nous nous jetons à corps perdu sur les Croates.

» Ils nous reçoivent avec fermeté, cela augmente la rage générale ; le lieutenant F... nous crie : Mes enfants avec la crosse! » et voilà les crosses en l'air. Le désordre se met dans les rangs ennemis ; nous employons alors la baïonnette et nous les reconduisons vivement à Montebello. Là, c'était bien une autre affaire : ils se retranchaient dans les maisons, ils tiraient par les fenêtres; il fallait faire la courte échelle pour arriver à eux.

» J'ai vu le général Beuret, intrépide, se multipliant, bravant les balles, le sabre au poing. Il allait par les rues, donnant ses ordres, actif et calme cependant. Je l'ai encore devant les yeux ! Au coin d'une maison cernée par quatorze chasseurs, un capitaine venait d'être frappé, il roule, le général Beuret s'élance vers lui. On le relève, il retombe. « Il est mort, » dit-il. Le général Forey s'avançait, deux trompettes à ses côtés, derrière lui un officier d'état-major.

» Notre pauvre général l'aborde, ils échangent quelques mots après s'être serré la main. « Tout va bien ! » disaient-ils; ils font dix pas, cinq Tyro-

liens pourchassés fuyaient devant eux; soudain ils se retournent, on les serrait de près ; ils tirent, le général Beuret lâche les rênes, chancelle, et soutenu par quelques soldats, rend le dernier soupir.

» On se jette sur les Tyroliens, on les met en pièces ; le 84e s'exaspère, il ne fait plus de quartier, l'ennemi commence à battre en retraite. Il sacrifie 300 hommes qui protègent sa fuite par un feu terrible derrière les retranchements improvisés qu'ils s'étaient faits dans le cimetière.

» Je n'étais pas à cette attaque, qui a été la plus meurtrière de la journée, on nous avait envoyés à la poursuite des fuyards, que nous poussâmes jusqu'à Casteggio.

» Ah ! si nous avions eu de la cavalerie !

» On me dit que les Sardes se sont admirablement conduits ; je le crois, car leurs morts jonchaient le sol, criblés de blessures, mutilés par les baïonnettes autrichiennes.

» J'ai été assez heureux pour mettre la main sur un bambin de dix-sept ans, sous-lieutenant, qui se battait comme un petit tigre. Mon caporal allait lui larder les côtes ; j'ai enlevé le fusil d'un coup de crosse, et j'ai pris le bonhomme au collet pour lui éviter d'autres désagréments.

» Rends-toi donc, moutard, lui criai-je.

» Il me tendit son épée.

» C'est un cadet de famille, blond, grêle, insolent ; je lui ai sauvé la vie, et il ne m'a seulement pas remercié. Je n'ai pas une égratignure, merci Dieu ! Sauf ma montre d'argent perduc dans la bagare, et que j'ai remplacée ce matin par le chronomètre en or d'un commandant autrichien, je n'ai pas un cheveu qui manque à l'appel.

» Les prisonniers que nous avons faits (j'en ai déjà plus de 80) sont tous hâves, déguenillés, laids à faire peur. Ils étaient contents de tomber dans nos mains : il fallait voir !

» Nous sommes revenus coucher à Montebello le soir même ; j'ai dormi dans une grange comme un bienheureux. Ce qui m'afflige le plus, c'est que ma carabine, mon pantalon et ma pipe sont hors de service.

» L'Empereur est venu visiter le champ de bataille et les blessés ; il a embrassé le général Forey et le colonel Cambriels avec effusion en les remerciant au nom de toute l'armée de cette victoire.

» Voilà tout ce que je sais, Monsieur, tout ce que j'ai vu : c'est bien peu, et vous serez mieux renseigné que moi ; mais je vous ai promis d'écrire, et je n'ai qu'une parole. Je m'arrête là, mes deux feuillets sont pleins.

» Vous trouverez ce papier rose bien coquet ; c'est un cadeau de mon lieutenant, auquel je prête les journaux que vous m'envoyez, et qui a toujours dans son portefeuille de quoi écrire.

» C'est donc à lui que vous devez cette lettre qui partira dans un instant pour le quartier-général. »

P. S. — « J'apprends à l'instant que je vais changer mes galons de fourrier contre ceux de sergent-major. Peut-être cette nouvelle vous fera-t-elle plaisir à savoir. Je vous la donne dans toute l'expansion de ma joie ; pardonnez-moi, Monsieur, cette liberté. »

CHAPITRE VII.

Entrain et beaux traits.

Le soldat français est toujours gai, toujours bon, inutile d'ajouter et toujours brave.

Un de ces jours, les bureaux de l'intendance militaire de Lons-le-Saunier ne désemplissaient pas, et les bureaux de M. le payeur étaient pris d'assaut par 1,200 soldats en congé renouvelable, en train de rejoindre leur régiment.

L'un d'eux, un vrai zouave à la figure basanée, était déjà *parti pour*

la gloire ; il avise notre payeur, fort affairé, comme on le pense :

— Hé ! bourgeois, c'est vous le payeur ?

— Oui, mon ami.

— Ah ! farceur ! vous voudriez bien être payeur dans l'armée d'Autriche... pas vrai ?

— Et pourquoi cela ?

— Parbleu ! c'te malice : *parce que vous n'auriez rien à faire.*

A Lyon, plusieurs zouaves à la mine

martiale, au teint bronzé, montaient la rue Royale pour se rendre au chemin de fer. Ils avaient leurs armes et la tenue de campagne, ce qui ne les empêchait pas de marcher d'un pas plus qu'accéléré. L'un d'eux avait surtout un air assez farouche.

Près de la place aux Bœufs, ils furent accostés par plusieurs ouvriers.

— Vous êtes donc bien pressé, camarade, dit l'un d'eux au zouave rébarbatif?

— Un peu, mon vieux, que nous le sommes.

— Mais où allez-vous si vite que ça ?

— Où? fit le zouave en frappant sur son arme, au congrès, parbleu !

Le mot fut trouvé charmant et arrosé de quelques petits verres.

Voici ce qu'écrit un Anglais :

« Mon retour à Alexandrie a été rendu agréable par l'entrée, je dirai presque de force, dans la voiture qui me transportait, de trois zouaves établis à trois lieues d'Alexandrie, et qui avaient obtenu la permission de visiter cette ville; ils étaient fatigués. Après avoir demandé s'ils pouvaient prendre place dans la voiture, sans attendre même la réponse ils sont montés. Un d'eux s'étant installé auprès du cocher, lui a pris les guides malgré ses protestations, et le cheval a bientôt senti la différence de la main qui le conduisait. Quelques coups de fouet appliqués l'ont fait trotter.

» C'était quelque chose de curieux que la conversation de ces trois zouaves arrivés ici d'Afrique, où ils ont passé quatre ans; ils regardent les vertes plaines du Piémont comme un paradis et ils parlent d'une campagne dans de telles circonstances et dans un tel pays comme d'une partie de plaisir. Le plus communicatif des trois était un jeune homme qui avait si souvent émis le vœu de se battre avec les Autrichiens, que je commençais à le croire plus fort en paroles qu'en actions; mais je vis qu'il avait une balafre à la tête. — Où avez-vous attrapé cette blessure? lui dis-je. — En Crimée, et celle-ci également (il me montrait une autre balafre à la nuque). Relevant sa manche, il ajouta: Celle-ci en Afrique.—Vous avez fait, lui dis-je, un rude service?—Ce n'est rien, reprit-il, voilà ce que j'y ai gagné : il tira de sa poche le ruban rouge et la croix d'honneur. — Il avait mis sa croix dans sa poche pour ménager le ruban qui était déjà un peu avarié. Il se proposait de ne mettre sa croix qu'en arrivant en ville. Il me dit que tout ce qu'il désirait, c'était de se trouver en face des Autrichiens, et que, si cette occasion se présentait, j'entendrais parler de son régiment. « Nous sommes tous comme ça, dit-il, les ennemis voilà notre affaire !

» Les zouaves, à notre arrivée en ville, me dirent adieu. Je les vis se diriger vers le café le plus voisin, et j'entendis leur voix appeler le garçon; je leur avais demandé la permission de leur offrir quelque monnaie pour se régaler de deux bouteilles de vin; ils m'avaient remercié, parce qu'ils avaient tous un peu d'argent. Je priai le jeune zouave, avec qui j'avais causé, de venir me voir à mon hôtel, dans une heure, ayant quelque chose à lui dire. Je m'étais rendu, sur-le-champ, dans une boutique où j'avais acheté une pièce de ruban rouge pour la croix d'honneur. Le zouave arriva exactement. Je le priai d'accepter cette pièce de ruban, afin qu'il pût constamment porter sa croix. Je vis ses yeux se mouiller, et me tendant la main : Touchèz là, sapristi ! me dit-il, j'accepte votre cadeau, et si jamais vous avez besoin de moi, parlez. Voilà tout ce que j'ai à vous dire ; merci, Monsieur. Et, après avoir attaché sa croix avec un morceau de ruban, il sortit ou plutôt il s'éclipsa. Avec de pareils hommes on peut tout faire.

La poésie même vient à leur aide, sur l'air des *Petits agneaux ;* ils chantent cette chansonnette :

Ohé ! les Autrichiens !
V'là l' bal qui commence !
Boulets et biscaïens
Vont pleuvoir d'importance.
Nos musiciens
Vous joueront plus d'un' contredanse....
V'la l' bal qui commence !
Ohé ! les Autrichiens !

Il est temps de frapper,
Enfants de la patrie,
Courons émanciper
Notre sœur l'Italie.
Peuple italien,
Pour gagner ton indépendance,
Le peuple de France
A ton sang va mêler le sien !
Ohé ! les Autrichiens ! etc.

La lettre suivante est écrite par un sous-officier de zouaves à l'un de ses parents habitant Paris. Nous la publions sans changer rien aux allures un peu dégagées de ce correspondant improvisé. Le lecteur excusera le sans-façon du style en faveur de l'intention :

Alexandrie, 24 mai 1859.

« Mon cher Léon,

» Me voici revenu à Alexandrie après une alerte qui nous avait fait embarquer au galop en wagons. Mais, cette fois encore, l'eau nous est venue à la bouche pour rien.

» Je ne m'amuserai pas à t'écrire une description de la ville ; vous avez ici un tas de farceurs de journalistes qui doivent s'en acquitter mieux que moi. Quant à la vie que nous menons ici, rien n'est plus simple. Nous sommes campés en dehors de la ville, sous des tentes. La mienne, vu que je suis bel homme, me gêne un peu ; je suis obligé de me courber légèrement pour ne pas toucher le plafond de toile.

» Je ne suis pas fort, tu le sais, pour la lecture ; il m'a pourtant semblé, dans le temps, avoir vu dans quelque bouquin de grands éloges sur le soleil d'Italie. Il faut croire que nos uniformes font peur à ce camarade, car depuis notre arrivée il ne nous a pas mal marchandé ses rayons.

» Il a plu que c'était une cataracte, et l'on prenait le bain de pieds jusqu'à la cheville avant, pendant et après le café.

» La goutte se débite dans de petites baraques. On consomme debout, à moins qu'on n'aime mieux s'asseoir par terre. Ce n'est pas tout à fait aussi élégant qu'aux cafés du Palais-Royal ; mais bast, ça n'en fait pas moins plaisir par où ça descend.

» Le plus compliqué de la chose, c'est que ces diables de *cambusiers* n'entendent rien à notre langue et que nous ne comprenons rien à la leur. Pour savoir le prix d'un petit verre, nous échangeons des pantomimes à n'en plus finir. J'ai pourtant entrepris l'éducation d'un bon garçon de traiteur, cafetier-limonadier et marchand de légumes, qui fait des progrès dont j'ai le droit de me déclarer fier.

» A force de m'abîmer le tempérament, je suis parvenu à lui faire comprendre la valeur du mot *rigolo*. Ce jour-là a été un fameux jour pour moi, et m'a révélé des capacités de maître d'école que je ne me soupçonnais pas. Pour le moment, je lui démontre la signification du verbe *chaparder*. Ça est plus long, comme je ne peux pas lui fournir l'exemple à côté de la règle ; si nous étions en pays ennemis, en deux tours de main il serait au courant.

» Comme tu le sais, on s'est cogné par là-bas. Nous n'avons pas eu de chance que la représentation ait commencé sans nous, mais nos lardoires apprennent pour le quart d'heure un rôle qui variera agréablement l'acte qui suivra le prologue.

» Nous avons vu revenir blessés beaucoup de nos camarades de la ligne. Tous ceux qui pouvaient se traîner ont tenu à faire leur rentrée debout, les autres étaient dans des civières ; j'ai eu personnellement l'honneur d'en porter quelques-uns, et je crois m'être acquitté de mon rôle d'infirmier provisoire à la satisfaction de tous.

» Ce sont, du reste, de braves garçons ; ils ne se plaignent pas, beaucoup ont le sourire aux lèvres ; un d'eux me serrait la main en me remerciant, après que je l'ai eu descendu de dessus mes épaules ; comme si l'on ne se rendait pas de ces services-là entre soi. C'était justement un Parisien, un *Beni-Mouffetard* pur sang, dans mon genre ; qui sait si quelque jour il ne sera pas dessous et moi dessus à mon tour.

» C'est égal, en voyant ces convois de blessés, j'avais des démangeaisons dans le bout des bras, et Caroline, — c'est un petit nom que je donne à ma baïonnette, — se démenait dans son étui.

» Patience, mademoiselle, patience, on vous en fera goûter, gourmande, de cet Autrichien ; et que ça ne sera pas long, j'espère.

» Bien des choses aux amis, au cousin Paul et à la compagnie ; écrismoi ce qui se passe sur la place du Panthéon et aux alentours de la vieille cassine où je suis né ; pense à ton ancien.

» Je t'envoie par la présente une marguerite que j'ai cueillie sur le champ de bataille de Marengo, au pied de la statue du Petit Caporal : c'est une relique, faudra me la montrer à mon retour. »

Au milieu de cet entrain, on voit quelques bons sentiments ; aussi le soldat français se fait toujours grand, il se sent aimé de Dieu et des hommes, rien n'est touchant comme sa conduite dans les divers lieux où font étape les régiments qui se rendent en Italie. Nous en avons été nous-mêmes les heureux témoins à Montmélian et dans les communes voisines. Nous avons vu, les jours de dimanche, la plus grande partie de ces braves soldats assister aux vêpres avec le recueillement de la prière et de la foi.

A ce propos nous devons mentionner aussi l'esprit liant et familier qui leur fait nouer les plus cordiales communications avec les populations qu'ils traversent. C'est un spectacle des plus touchants. S'ils entrent dans une maison, ils en sont aussitôt le bon génie et l'ami, amusant les enfants, partageant avec les femmes les soins domestiques et partageant aussi le repas, auquel ils contribuent de leur mieux. Aux champs, c'est encore la même chose ; ils offrent gracieusement le concours de leurs bras, acceptent le pain et le vin qu'on leur présente, et servent, en retour, d'excellent café improvisé à nos paysans, surpris et émus de cet échange de sympathies.

Il est superflu d'ajouter qu'on n'a pas à leur reprocher le moindre petit désordre particulier commis dans nos vallées. Aussi leur passage est-il pour les populations une fête perpétuelle à laquelle tout le monde prend part, et qui exerce réellement une heureuse influence sur l'esprit public.

A Montmélian, par exemple, des citoyens divisés auparavant d'opinions et presque sans relations entre eux se sont rapprochés à cette occasion et ont noyé leurs dissensions dans la joie universelle. Quel aimable esprit que cet esprit français, et combien aussi la religion est bonne à tout ce qui se laisse inspirer par elle !

Après la bataille de Montebello, des dames piémontaises ont été reçues dans plusieurs salles de blessés, et toutes sont arrivées munies de provisions d'oranges, de sucreries, de fleurs destinées à nos pauvres soldats. Les moins abattus se sont montrés très-sensibles à cette attention, et plusieurs ont pu répondre aux questions qui leur étaient adressées.

Les blessés autrichiens ont eu leur part des friandises données par les dames d'Alexandrie, mais cette part leur a été faite par nos soldats, et c'est encore là un fait qu'on ne saurait trop livrer à la publicité. La générosité, en France, est un péché originel ; la guerre avec toutes ses haines et toutes ses douleurs n'empêchera pas notre armée de le commettre.

Un journal de Bretagne rapporte ce fait : Dans une de nos rues les plus fréquentées, un de ces bons soldats chantait, car le soldat français est toujours de bonne humeur. Bientôt un cercle de curieux se forme autour de lui. Loin de s'intimider, il n'en chante qu'avec plus d'entrain ; mais, à la fin de sa chanson, prenant son képi à la main, il le présente à l'assistance en disant : « Pour les pauvres, s'il vous plaît. » Sur ces entrefaites passe un vénérable ecclésiastique, auquel le généreux militaire remet sa collecte : « Monsieur le curé, » lui dit-il, voici pour les pauvres; » priez le bon Dieu pour nous. »

Si le soldat français est charitable, il est naturellement chrétien.

Le 26 avril dernier, de nombreux détachements du 65e régiment de ligne sont arrivés à Valence, et ils ont campé au Champ de Mars jusqu'au lendemain matin. Durant là journée, plusieurs de ces braves militaires sont allés se confesser dans nos diverses églises. Deux Alsaciens s'étant présentés à la cathédrale demandaient un confesseur qui sût parler allemand, parce qu'ils ne s'exprimaient pas eux-mêmes assez facilement en français. On leur répondit qu'il n'y avait qu'un prêtre à Valence qui connût leur langue, et qu'on le ferait prier de venir les entendre au plus tôt. Cette réponse ne les satisfaisant pas, et craignant peut-être de ne pouvoir se confesser, ils allèrent chercher un autre alsacien qui parlait français et allemand, et l'ayant présenté à un prêtre, ils lui firent entendre comme ils purent que le camarade leur servirait d'interprète pour la confession. Le prêtre admirait l'expédient auquel ils voulaient recourir, lorsqu'il vit entrer, par un heureux hasard, dans la cathédrale, M. l'abbé Pappé, allemand d'origine, qui s'empressa de confesser les deux bons Alsaciens. »

On nous écrit d'Antibes, le 25 mai :

« Depuis douze jours, Antibes est en fêtes. Un empressement général donne chaque jour à cette petite ville de guerre, située sur les frontières du Piémont, un aspect des plus animés, des plus pittoresques. Le passage des brillants régiments de la garde impériale met tout en mouvement. C'est que les habitants d'Antibes, entraînés par un sentiment spontané de patriotisme enthousiaste, ont pris à cœur de recevoir dignement ces intrépides défenseurs de l'indépendance italienne.

» Les chasseurs, les guides, les dragons, les lanciers, les cuirassiers, tous sont partis gaiment de cette ville, fiers et justement glorieux de l'accueil sympathique qui leur a été fait. Chaque famille, chaque habitant a déposé son offrande entre les mains d'une commission, nommée à cet effet, et dont le brave colonel Gazan, grand cordon de la Légion-d'Honneur, est le président. Le Champ de Mars, entouré d'arcs de triomphe, d'arceaux de verdure, de colonnes de feuillage et de fleurs, a été choisi pour salle de rafraîchissement. Officiers et soldats y trouvent les verres pleins, et les belles oranges, les petits gâteaux et les cigares circulent de main en main.

» Un trait bien caractéristique s'est produit l'avant-dernier jour au passage des cuirassiers. C'était vendredi. Dès le point du jour, tout Antibes était sur pied. Dès que le régiment a paru, conduit par son colonel, en l'absence fortuite du général Ameilh, le vénérable aumônier de l'hospice, M. l'abbé Menu, s'est porté à sa rencontre, suivi de tout le clergé, des dames religieuses, directrices du pensionnat, et de leurs plus jeunes pensionnaires, qui portaient une petite couronne d'or, primitivement destinée à la sainte Vierge, précieux tasliman qui doit protéger notre Empereur et sa vaillante armée. Ainsi nos pères, les Croisés, partaient pour la guerre Sainte.

La harangue de M. Menu a été courte; mais pendant qu'il parlait, la physionomie du colonel rayonnait d'une satisfaction indicible. Et quand les jeunes filles lui ont remis la couronne bénite, qu'il a passée aussitôt autour de son poignet, en levant son épée, bien grande a été son émotion, bien belle surtout son attitude guerrière, rehaussée par sa foi chrétienne, quand il s'est écrié : Oh merci! mes enfants, pour l'Empereur et pour mon régiment, merci!...

Alors la foule a débordé et s'est précipitée jusques sous les chevaux. Là, chaque main tendue vers les beaux cavaliers présentait à chacun des bouquets magnifiques. Celui du colonel était un véritable chef-d'œuvre. On y lisait en beaux caractères, faits avec des immortelles entourées des plus belles fleurs de la saison : *Vive l'Empereur!* Chacun a eu le sien. Plusieurs en ont fait une belle moisson. »

Un prêtre écrit de Gênes :

« Me trouvant à Gênes au moment du débarquement des premiers sol-

Le maréchal Mac-Mahon.

dats français, dans la soirée du 27 avril, j'entrai en conversation avec quelques-uns d'entre eux, et l'un d'eux me dit : « Vous êtes prêtre, n'est-ce pas? — Oui, lui répondis-je. — Comprenez-vous le français ? — Oui. — Eh bien, ajouta-t-il, j'aurais une affaire à traiter avec vous. — A votre service, s'il est possible. — Je voudrais faire ma confession générale et recevoir la communion avant d'aller à la guerre. Ce n'est pas que j'aie peur, croyez-le bien ; j'ai même du courage ; mais je peux rester, tout comme un autre, sur le champ de bataille, et je veux me préparer avant de paraître devant Dieu.

» En le félicitant d'une si bonne et si sainte résolution, je lui exprimai un vif regret de ne pouvoir me rendre à ses désirs, étant étranger au diocèse et obligé de partir le lendemain. Mais nous convînmes à l'instant, et, à sa demande, avec un autre ecclésiastique, qu'il se trouverait le lendemain, à une heure fixée, dans une église paroissiale voisine.

» Ce militaire qui, de temps en temps, parlait assez bien l'italien, était, m'a-t-il dit, bachelier ès-sciences et ès-lettres de l'Université de Paris.

» J'ai su également du curé de la paroisse où il devait accomplir ses devoirs religieux, que beaucoup de soldats s'étaient déjà approchés des sacrements, et que l'église avait été, à cet effet, fournie de plusieurs ecclésiastiques parlant français.

» Je puis ajouter qu'en visitant ces jours derniers les magnifiques églises de Gênes, j'y ai rencontré beaucoup de soldats français et même des *turcos* qui les visitaient avec beaucoup de respect et de dévotion, montrant en particulier une déférence spéciale pour les prêtres, comme font aussi ceux qui sont à Turin.

» Un autre officier, avec qui je m'entretenais et qui avait déjà combattu à Rome en 1849, me dit, entre autres choses, que la France était allée à Rome pour maintenir le Saint-Père sur son trône et qu'elle l'y maintiendrait.

» Et parmi ceux qui sont à Turin, j'en ai vu beaucoup qui portaient sur leur poitrine la médaille de la sainte Vierge et qui la montraient avec plaisir, heureux d'être placés sous sa sainte protection. »

Le 31 mai, les Autrichiens atta-quèrent les Piémontais à Palestro, mais, les zouaves leur ont fait cruellement expier cette attaque opiniâtre. Le merveilleux coup de main du 3e de zouaves à ce combat a fait le tour de l'Europe. Ce régiment, déjà célèbre par cent actions d'éclat, s'est surpassé lui-même en cette rencontre. Il avait devant lui une batterie d'artillerie protégée par des tirailleurs, et qui faisait sur les nôtres un feu très-meurtrier. Il fallait passer une rivière et courir à l'ennemi sans riposter. Le brave régiment tout entier s'avance au pas de course. Il a de l'eau jusqu'aux coudes dans la rivière, et toutes les cartouches sont mouillées; plus moyen de tirer un coup de fusil. Cependant il y a trois cents mètres à franchir pour aborder l'ennemi. « *En avant!* s'écrie le colonel, et *à la baïonnette!* » Deux volées de mitraille labourent la colonne qui court en rangs serrés. La troisième volée va éclater, lorsque les zouaves fondent comme des lions sur les artilleurs autrichiens. Ceux-ci sont hachés sur leurs pièces ou faits prisonniers. Deux de ces pièces n'ont plus de chevaux pour les amener ; et les zouaves tenaient à leur prise. « Qu'on y attelle des Autrichiens, » dit l'un d'eux. Qui fut dit fut fait. Plus tard, les canons étaient amenés au camp piémontais. L'ennemi fut poursuivi l'épée dans les reins jusqu'au village de Robbio, après avoir perdu 9 canons, 700 prisonniers et 1200 hommes tués, dont 800 se noyèrent dans la petite rivière la Busca. Notre armée a payé cette victoire de 46 hommes tués et 229 blessés, plus 20 hommes disparus. On craint qu'ils ne se soient noyés avec les Autrichiens en se jetant à leur suite dans la Busca.

Voici de plus amples détails sur ce combat. Ils sont donnés par un homme qui était sur les lieux.

Assaillis par des boulets de l'artillerie autrichienne qui se trouvait à proximité de leur camp, les zouaves du 3º résolurent d'aller au-devant de l'ennemi. Le camp fut levé en toute hâte, et bientôt nos soldats arrivèrent sur les bords de la Busca. Le moment était venu de faire feu.

Mais le passage de la rivière avait quelque peu détérioré les munitions, et presque toutes les cartouches renfermées dans les gibernes avaient été atteintes par l'eau. Mais on sait que pour les zouaves la cartouche n'est qu'un accessoire.

Le cri de : *En avant !* retentit aussitôt dans les rangs des trois bataillons du 3º, et les zouaves répondent énergiquement : *A la baïonnette !* 300 mètres environ séparaient les zouaves des Autrichiens. Cet espace est rapidement franchi ; l'artillerie ennemie a encore le temps de charger ses pièces à mitraille et de les décharger deux fois ; mais à la troisième explosion, c'en était fait des servants des pièces. Ils étaient abattus à coups de crosse, à coups de baïonnette, et tombaient sur leurs canons sans avoir eu le temps de se défendre.

Cette attaque a été une des plus belles qu'aient jamais faite les zouaves, même en Afrique ou en Crimée. Malgré la mitraille qui labourait la plaine, fauchait les hommes en les frappant aux jambes, les rangs des assaillants se serraient toujours, et c'est en masse compacte que le 3º de zouaves est arrivé sur les batteries autrichiennes. Les Autrichiens qui n'ont pas été tués sont restés prisonniers, et le nombre de ces derniers s'élève, dit-on, à 500. J'en ai vu, pour ma part, sur la route, à la hauteur de Torrione, un convoi de 200 environ. Cinq pièces ont été enlevées, dont deux encore chargées, pendant que de leur côté les Piémontais, qui tenaient tête au gros de l'armée ennemie, se rendaient maîtres de trois belles pièces de 12.

Les zouaves blessés que j'ai rencontrés sur la route de Palestro ont estimé très-haut les pertes de leur régiment. Cependant on m'assure que les hommes tombés n'ont que des blessures relativement légères, et qu'il faut porter tout au plus à 200 les braves qui sont aujourd'hui séparés de leurs camarades. Le 3º de zouaves est fort de 2,500 hommes environ. Il est réputé comme l'un des mieux composés de l'armée. Tous ses hommes sont infatigables à la marche, et c'est lui qui depuis le départ de Gênes pour Bobbio n'a eu que quelques heures de repos par jour. C'est lui aussi qui partait hier, en chantant, de Verceil, emportant sur les sacs le pain, la viande, les légumes destinés au repas du soir. J'ai entendu d'ailleurs un mot qui peint admirablement la valeur de cette belle troupe, dont la marche à travers la Kabylie restera dans l'histoire de notre conquête africaine. « Le 3º de zouaves a beaucoup perdu, disais-je à un offi-

» cier d'état-major ; on parle de
» 500 hommes. — 500 hommes au
» 3ᵉ de zouaves? Allons donc ! le régi-
» ment a 2,500 hommes ; le colonel
» fera ce soir l'appel, et il en retrou-
» vera 2,800 ; ils repoussent ! » *Ils
repoussent!* Voilà toute l'histoire ré-
sumée en un mot de nos braves régiments d'Afrique et de Crimée!...

C'est particulièrement des acteurs
de ce beau fait d'armes que je tiens
les détails que je vous transmets. Sur
la route de Palestro, pendant près de
deux heures, je me suis rangé plus
d'une fois pour laisser passer des
charrettes portant des blessés. A tous
les zouaves que j'apercevais, j'adres-
sais des questions, et c'est ainsi que
j'ai appris la mort du brave adjudant-
major Drut, avec lequel j'étais resté
la veille pendant une demi-heure, et
la perte de plusieurs officiers et sous-
officiers. Un caporal, blessé au pied,
et qui avait vu tomber son capitaine
auprès de lui, m'a raconté la prise
des canons ennemis. Il est tombé
quand la déroute était complète, et
« j'ai pu, m'a-t-il dit, donner au
» plus beau moment. Nous les avons
» cloués sur leurs affûts, et peu s'en
» est fallu qu'ils ne cherchassent à se
» cacher dans les canons. »

Voici le récit de cet audacieux coup
de main, fait par un zouave, deux ou
trois heures après le combat ; c'était
tout frais, ou plutôt tout chaud :

« Donc, nous étions bien tranquil-
» lement devant un ruisseau ; voilà
» que cinq ou six cavaliers se font
» voir sur une hauteur ; on se dit que
» bien sûr ce sont des hussards en-
» nemis qui nous regardent, et on

» s'apprête à parler à ces curieux,
» histoire de causer. Mais voilà que
» tout à coup et sans crier gare, un
» paquet de boulets nous arrive ac-
» compagné d'une grêle de balles.
» Les coquins avaient mis des ca-
» nons sur la colline, et leurs ti-
» railleurs du diable dans les blés,
» où l'on n'y voyait goutte. Pendant
» qu'on se regarde, voilà que la mi-
» traille se mêle à la conversation. Le
» colonel voit d'où le coup part par la
» fumée. Les officiers se tournent
» vers nous : — Eh ! zouaves ! crient-
» ils, aux canons ! Nous sautons tous
» dans le ruisseau. Mais on avait de
» l'eau jusqu'aux coudes, et voilà
» que nos sacs à cartouches prennent
» un bain ; plus moyen de tirer un
» pauvre coup de fusil. Il y avait bien
» 300 mètres à parcourir des batte-
» ries au ruisseau. Ah ! ils sont bien-
» tôt franchis au pas gymnastique !
» Dame ! on tombait un peu. La mi-
» traille fauchait l'herbe autour du
» fantassin. En un clin d'œil on est
» en haut, et on tape, on cogne, on
» embroche. Un obus tombe, et cinq
» camarades qui étaient avec moi
» sautent en l'air. Voyez, j'ai de leur
» sang plein ma casquette. Moi, j'a-
» vais le bras ouvert, mais les canons
» étaient à nous.

Il me semble que ce récit en vaut
bien un autre. Il m'a remué, je l'a-
voue ; il est vrai que je serrai la main
au bout de laquelle on voyait un bras
nu entouré de linges rouges. »

Le 3 juin, nouvelle victoire à Turbigo. Ce petit endroit est sur la limite
de la Lombardie et du Piémont. Les
Autrichiens avaient fait sauter le pont

en se retirant. Le matin, le général Espinasse s'y porta avec sa division et y trouva trois obusiers et deux canons de campagne avec des chariots de munitions, abandonnés par l'ennemi dans sa fuite. Le passage ayant été rétabli, on franchit le Tessin. Une colonne autrichienne s'avance sur Robecchetto, village situé à 2 kilomètres plus loin. Le général La Motte-Rouge est chargé de lui tenir tête avec ses tirailleurs algériens. Il s'avance résolûment en trois colonnes. Mais bientôt les autres corps de sa division accourent le rejoindre, ce sont les 45ᵉ, 65ᵉ et 70ᵉ de ligne. Les tirailleurs, salués en arrivant par une rude fusillade, fondent tête baissée sur les Autrichiens ; en dix minutes, ceux-ci sont délogés du village et battent en retraite sur la route opposée. Quelques volées de mitraille n'empêchent pas nos tirailleurs de les poursuivre au pas de course. Notre artillerie, qui les appuie, envoie à son tour quelques boulets à l'ennemi, et la retraite se change en déroute. Le général Auger aperçoit dans un champ une pièce autrichienne qui suit avec peine le mouvement de retraite, il y court au galop, s'en empare et trouve le commandant de la batterie coupé en deux par un boulet français. Une colonne de cavalerie autrichienne accourt de Castano, autre village sur notre gauche ; un bataillon du 65ᵉ et deux pièces de canon sont envoyés à sa rencontre et la font battre en retraite. La perte de l'ennemi dans cette journée a été considérable, il a abandonné dans la fuite une énorme quantité de matériel, effets de campement, armes,

carabines, fusils, etc. De notre côté, nous avons eu 7 soldats tués et 38 blessés.

C'est de là que le maréchal de Mac-Mahon préluda au grand succès du lendemain. Voici comment il en rend compte lui-même :

« Au quartier général, à Turbigo, le 3 juin 1859.

« Sire,

« Ainsi que j'ai eu l'honneur d'en instruire Votre Majesté par un premier rapport que je lui ai adressé ce matin, l'ennemi a fait sauter le pont de San Martino hier, vers cinq heures du soir, en se retirant sur la rive gauche du Tessin.

» Ce matin, à la pointe du jour, le général Espinasse s'est porté, avec une brigade, sur la tête du pont que les Autrichiens avaient abandonnée à son approche. Il y a trouvé trois obusiers, deux canons de campagne et plusieurs chariots de munitions.

» D'après les ordres de Votre Majesté, le 2ᵉ corps a quitté Novare ce matin, à huit heures et demie, pour se porter sur Turbigo et y franchir le Tessin sur le pont qui y a été jeté la nuit dernière, sous la protection de la division des voltigeurs de la garde impériale.

» Au moment de mon arrivée à Turbigo, j'ai trouvé une brigade de cette division sur la rive droite du Tessin, occupant le village et ses abords de manière à nous assurer la libre possession du pont, et surveillant la vallée en aval du village.

» L'autre brigade de la division Camou était sur la rive droite.

» La tête de colonne de la 1re division du 2e corps franchissait le pont vers une heure et demie. Au moment où, m'étant porté en avant de Turbigo, je reconnaissais le terrain et que je visitais les hauteurs de Robecchetto pour y établir les troupes, je m'aperçus tout à coup que j'avais à quelque 500 mètres de moi une colonne autrichienne qui paraissait venir de Boffalora, marchait sur Robecchetto avec l'intention évidente d'occuper ce village.

» Robecchetto se trouve sur la rive gauche du Tessin, à l'est et à 2 kilomètres de Turbigo. C'est un village considérable qui peut être aisément défendu et qu'il serait incontestablement très-utile d'occuper fortement pour un corps ennemi qui viendrait de Milan ou de Magenta, avec l'intention de barrer le passage du Tessin à Turbigo. Ce village est assis sur un vaste plateau horizontal qui domine de 15 à 20 mètres la vallée du Tessin. On y arrive, lorsqu'on sort de Turbigo, par deux chemins praticables à l'artillerie : l'un qui aboutit à l'une de ses rues par la partie sud du village, l'autre par la partie ouest.

» Le chemin qui vient de Magenta et de Boffalora y pénètre par la partie est. C'est ce dernier que suivait la colonne autrichienne.

» J'ordonnai au général de La Motterouge, qui n'avait alors avec lui que le régiment des tirailleurs algériens, ses autres régiments étant encore sur la rive gauche de la rivière, de porter ses trois bataillons de tirailleurs sur Robecchetto et de les

disposer en trois colonnes d'attaque de la manière suivante :

» Le 1er bataillon formant la droite, en colonne par division, précédé de deux compagnies de tirailleurs, destinées à se porter sur le village en l'attaquant par le sud;

» Le 2e bataillon formant la gauche, disposé de la même façon, destiné à pénétrer dans le village en l'attaquant par l'ouest;

» Le 3e bataillon, au centre et un peu en arrière des 1er et 2e, formant un échelon en réserve, prêt à appuyer les deux autres bataillons, était aussi disposé en colonne et précédé de tirailleurs.

» Les trois colonnes, marchant à intervalle de déploiement, devaient, au commandement général, converger sur Robecchetto, et, en y pénétrant par la rue principale qui le traverse de l'ouest à l'est, chercher à le tourner aussi par la partie est, de manière à menacer la retraite de l'ennemi.

» Pendant que le général de la Motterouge se mettait en mesure d'exécuter ces mouvements avec le régiment des tirailleurs algériens, je prenais moi-même les dispositions nécessaires pour faire arriver à lui les autres régiments de sa division. Le 45e de ligne, second régiment de la 1re brigade, recevait l'ordre de marcher dans les traces du régiment des tirailleurs algériens.

» La 2e brigade, composée des 65e et 70e de ligne, recevait, un peu plus tard, l'ordre de se porter sur le village de Robecchetto par la route de Castano, afin de flanquer l'attaque convergente faite par les tirailleurs algériens.

» Vers deux heures, le général de La Motterouge marchait avec ses trois bataillons sur Robecchetto, suivi d'une batterie de la réserve générale de l'armée, dirigée par le général Auger en personne.

» Les colonnes de tirailleurs algériens, enlevées avec la plus grande vigueur, à la voix du général de La Motterouge et à celle de leur colonel, marchèrent résolûment sur Robecchetto sans faire usage de leur feu.

» Accueillis à l'entrée du village par une très-vive fusillade, nos tirailleurs se précipitèrent tête baissée sur les Autrichiens qui en défendaient les abords. Dans l'intérieur du village seulement ils firent usage de leur feu, et puis aussitôt se précipitèrent à la baïonnette sur tous ceux qui essayaient de résister et de leur barrer le passage. En dix minutes, l'ennemi était délogé du village et en retraite sur la route par laquelle il était venu. A la sortie du village, il voulut user de son artillerie, et nous envoya une douzaine de coups à mitraille qui n'arrêtèrent en rien l'élan de nos soldats. Notre artillerie riposta par des coups heureux qui ébranlèrent tout à fait les colonnes ennemies et les mirent alors dans une déroute complète. Les tirailleurs les poursuivirent au pas de course jusqu'à 2 kilomètres en avant de Robecchetto, et en tuèrent un grand nombre. Le général Auger, en faisant prendre à la batterie quatre positions successives et très-heureusement choisies, leur fit aussi beaucoup de mal.

» C'est dans une de ces positions que le général Auger, croyant apercevoir dans les blés une pièce autrichienne ayant quelque peine à suivre le mouvement de retraite de l'ennemi, se précipita au galop sur elle et s'en empara. Près de la pièce, gisait à terre le commandant de la batterie, coupé en deux par un de nos boulets.

» Pendant que ceci se passait vers Robecchetto, une tête de colonne de cavalerie autrichienne se présentait sur notre gauche, venant de Castano. Je portai un bataillon du 63e et 2 pièces de canon à sa rencontre. Deux boulets suffirent pour la décider à se retirer précipitamment.

» L'ennemi a éprouvé des pertes considérables. Le champ de bataille est couvert de ses morts et d'une quantité considérable d'effets de toute nature qu'il a laissés entre nos mains : effets de campement, sacs complets, qu'il a jetés sur le lieu du combat pour fuir avec plus d'agilité. Nous avons ramassé des armes, carabines et fusils. Nous avons fait peu de prisonniers, ce qui s'explique par la nature du terrain sur lequel l'engagement a eu lieu.

» De notre côté, nous avons eu un capitaine tué (M. Vanéechout), 4 officiers blessés, dont un colonel d'état-major (M. de Laveaucoupet), 7 soldats tués et 38 blessés, parmi lesquels quatre, m'a-t-on dit, des voltigeurs de la garde, qui a eu ses tirailleurs engagés avec l'ennemi en arrière de Robecchetto.

» Je ne puis encore, Sire, donner à Votre Majesté des détails précis sur cette affaire, qui, une fois de plus depuis notre entrée en campagne, montre tout ce qu'elle peut attendre de nos braves soldats.

» Je n'ai point encore reçu les rapports particuliers qui doivent signaler ceux qui se sont plus particulièrement distingués. Tous ont fait bravement et dignement leur devoir ; mais je signalerai, dès à présent, à Votre Majesté, le général de La Motterouge, comme ayant fait preuve d'un élan irrésistible ; le général Auger, pour le fait que j'ai relaté plus haut et qui, aux termes de notre législation militaire, mérite une citation à l'ordre général de l'armée ; le colonel de Laveaucoupet, qui, en combattant corps à corps avec les tirailleurs autrichiens, a reçu un coup de baïonnette à la tête ; le colonel Laure, des tirailleurs algériens, pour l'impulsion intelligente avec laquelle il a conduit ses bataillons à l'ennemi.

» Je suis avec le plus profond respect, Sire, de Votre Majesté, le très-humble, très-obéissant et très-fidèle sujet,

» *Le général de division, commandant en chef le* 2e *corps,*

» De Mac-Mahon. »

Voici le bulletin de la bataille, il doit être de la dernière exactitude ; tout porte à croire que c'est l'Empereur lui-même qui l'a rédigé.

« Quartier général de San-Martino, le 5 juin 1859.

« L'armée française, réunie autour d'Alexandrie, avait devant elle de grands obstacles à vaincre. Si elle marchait sur Plaisance, elle avait à faire le siége de cette place et à s'ouvrir de vive force le passage du Pô, qui, en cet endroit, n'a pas moins de 900 mètres de largeur, et cette opération si difficile devait être exécutée en présence d'une armée ennemie de plus de 200,000 hommes.

» Si l'Empereur passait le fleuve à Valence, il trouvait l'ennemi concentré sur la rive gauche à Mortara, et il ne pouvait l'attaquer dans cette position que par des colonnes séparées, manœuvrant au milieu d'un pays coupé de canaux et de rizières. Il y avait donc des deux côtés un obstacle presque insurmontable : l'Empereur résolut de le tourner, et il donna le change aux Autrichiens en massant son armée sur la droite et en lui faisant occuper Casteggio et même Robbio sur la Trebia.

» Le 31 mai, l'armée reçut l'ordre de marcher par la gauche, et franchit le Pô à Casale, dont le pont était resté en notre possession ; elle prit aussitôt la route de Vercelli, où le passage de la Sésia fut opéré pour protéger et couvrir notre marche rapide sur Novare. Les efforts de l'armée furent dirigés vers la droite sur Robbio, et deux combats glorieux pour les troupes sardes, livrés de ce côté, eurent encore pour effet de faire croire à l'ennemi que nous marchions sur Mortara. Mais, pendant ce temps, l'armée française s'était portée vers Novare, et elle y avait pris position sur le même emplacement où, dix ans auparavant, le roi Charles-Albert avait combattu. Là elle pouvait faire tête à l'ennemi s'il se présentait.

» Ainsi, cette marche hardie avait

été protégée par 100,000 hommes campés sur notre flanc droit à Olengo, en avant de Novare. Dans ces circonstances, c'était donc à la réserve que l'Empereur devait confier l'exécution du mouvement qui se faisait en arrière de la ligne de bataille.

» Le 2 juin, une division de la garde impériale fut dirigée vers Turbigo, sur le Tessin, et, n'y trouvant aucune résistance, elle y jeta trois ponts.

» L'Empereur, ayant recueilli des renseignements qui s'accordaient à lui faire connaître que l'ennemi se

Baraguay-d'Hilliers.

retirait sur la rive gauche du fleuve, fit passer le Tessin, en cet endroit, par le corps d'armée du général de Mac-Mahon, suivi le lendemain par une division de l'armée sarde.

» Nos troupes avaient à peine pris

position sur la rive lombarde, qu'elles furent attaquées par un corps autrichien venu de Milan par le chemin de fer. Elles le repoussèrent victorieusement sous les yeux de l'Empereur.

1.

5

» Dans la même journée du 2 juin, la division Espinasse s'étant avancée sur la route de Novare à Milan jusqu'à Trecate, d'où elle menaçait la tête de pont de Boffalora, l'ennemi évacua précipitamment les retranchements qu'il avait établis sur ce point, et se replia sur la rive gauche, en faisant sauter le pont de pierre qui traverse le fleuve en cet endroit. Toutefois, l'effet de ses fourneaux de mine ne fut pas complet, et les deux arches de pont qu'il s'était proposé de renverser s'étant seulement affaissées sur elles-mêmes sans s'écrouler, le passage ne fut pas interrompu.

» La journée du 4 avait été fixée par l'Empereur pour la prise de possession définitive de la rive gauche du Tessin. Le corps d'armée du général de Mac-Mahon, renforcé de la division des voltigeurs de la garde impériale et suivi de toute l'armée du roi de Sardaigne, devait se porter de Turbigo sur Boffalora et Magenta, tandis que la division des grenadiers de la garde impériale s'emparerait de la tête de pont de Boffalora sur la rive gauche, et que le corps d'armée du maréchal Canrobert s'avancerait sur la rive droite pour passer le Tessin au même point.

» L'exécution de ce plan d'opérations fut troublée par quelques-uns de ces incidents avec lesquels il faut compter à la guerre. L'armée du roi fut retardée dans son passage de la rivière, et une seule de ses divisions put suivre d'assez loin le corps du général de Mac-Mahon.

» La marche de la division Espinas-se souffrit aussi des retards, et, d'un autre côté, lorsque le corps du maréchal Canrobert sortit de Novare pour rejoindre l'Empereur qui s'était porté de sa personne à la tête de pont de Boffalora, ce corps trouva la route tellement encombrée qu'il ne put arriver que fort tard au Tessin.

» Telle était la situation des choses, et l'Empereur attendait, non sans anxiété, le signal de l'arrivée du corps du général de Mac-Mahon à Boffalora, lorsque, vers les deux heures, il entendit de ce côté une fusillade et une canonnade très-vives : le général arrivait.

» C'était le moment de le soutenir en marchant vers Magenta. L'Empereur lança aussitôt la brigade Wimpffen contre les positions formidables occupées par les Autrichiens en avant du pont ; la brigade Cler suivit le mouvement. Les hauteurs qui bordent le Naviglio (grand canal) et le village de Boffalora furent promptement emportés par l'élan de nos troupes ; mais elles se trouvèrent alors en face de masses considérables qu'elles ne purent enfoncer et qui arrêtèrent leurs progrès.

» Cependant le corps d'armée du maréchal Canrobert ne se montrait point, et, d'un autre côté, la canonnade et la fusillade qui avaient signalé l'arrivée du général de Mac-Mahon avaient complétement cessé. La colonne du général avait-elle été repoussée, et la division des grenadiers de la garde allait-elle avoir à soutenir, à elle seule, tout l'effort de l'ennemi?

» C'est ici le moment d'expliquer la manœuvre que les Autrichiens avaient faite. Lorsqu'ils eurent appris, dans la nuit du 2 juin, que l'armée française avait surpris le passage du Tessin à Turbigo, ils avaient fait repasser rapidement ce fleuve à Vigevano, par trois de leurs corps d'armée, qui brûlèrent les ponts derrière eux. Le 4 au matin, ils étaient devant l'Empereur au nombre de 125,000 hommes, et c'est contre ces forces si disproportionnées que la division des grenadiers de la garde avec laquelle se trouvait l'Empereur, avait seule à lutter.

» Dans cette circonstance critique, le général Regnaud de Saint-Jean-d'Angély fit preuve de la plus grande énergie, ainsi que les généraux qui commandaient sous ses ordres. Le général de division Mellinet eut deux chevaux tués sous lui ; le général Cler tomba mortellement frappé ; le général Wimpffen fut blessé à la tête ; les commandants Desmé et Maudhuy, des grenadiers de la garde, furent tués ; les zouaves perdirent 200 hommes, et les grenadiers subirent des pertes non moins considérables.

» Enfin, après une longue attente de quatre heures, pendant laquelle la division Mellinet soutint, sans reculer, les attaques de l'ennemi, la brigade Picard, le maréchal Canrobert en tête, arriva sur le lieu du combat. Peu après parut la division Vinoy, du corps du général Niel, que l'Empereur avait fait appeler ; puis enfin les divisions Renault et Trochu, du corps du maréchal Canrobert.

» En même temps, le canon du général de Mac-Mahon se faisait de nouveau entendre dans le lointain.

Le corps du général, retardé dans sa marche, et moins nombreux qu'il n'aurait dû l'être, s'était avancé en deux colonnes sur Magenta et Boffalora.

» L'ennemi ayant voulu se porter entre ces deux colonnes pour les couper, le général de Mac-Mahon avait rallié celle de droite sur celle de gauche, vers Magenta, et c'est ce qui explique comment le feu avait cessé, dès le début de l'action, du côté de Boffalora.

» En effet, les Autrichiens, se voyant pressés sur leur front et sur leur gauche, avaient évacué le village de Boffalora et porté la plus grande partie de leurs forces contre le général de Mac-Mahon, en avant de Magenta. Le 45e de ligne s'élança avec intrépidité à l'attaque de la ferme de Cascina-Nuova, qui précède le village, et qui était défendue par deux régiments hongrois. Quinze cents hommes de l'ennemi y déposèrent les armes, et le drapeau fut enlevé sur le cadavre du colonel. Cependant la division de La Motterouge se trouvait pressée par des forces considérables qui menaçaient de la séparer de la division Espinasse. Le général de Mac-Mahon avait disposé en seconde ligne les treize bataillons des voltigeurs de la garde, sous le commandement du brave général Camou, qui, se portant en première ligne, soutint au centre les efforts de l'ennemi et permit aux divisions de La Motterouge et Espinasse de reprendre vigoureusement l'offensive.

» Dans ce moment d'attaque générale, le général Auger, commandant l'artillerie du 2ᵉ corps, fit mettre en batterie, sur la chaussée du chemin de fer, quarante bouches à feu, qui, prenant en flanc et d'écharpe les Autrichiens défilant en grand désordre, en firent un carnage affreux.

» A Magenta, le combat fut terrible. L'ennemi défendit ce village avec acharnement. On sentait de part et d'autre que c'était là la clef de la position. Nos troupes s'en emparèrent maison par maison, en faisant subir aux Autrichiens des pertes énormes. Plus de 10,000 hommes des leurs furent mis hors de combat, et le général de Mac-Mahon leur fit environ 5,000 prisonniers, parmi lesquels un régiment tout entier, le 2ᵉ chasseurs à pied, commandé par le colonel Hauser. Mais le corps du général eut lui-même beaucoup à souffrir : 1,500 hommes furent tués ou blessés. A l'attaque du village, le général Espinasse et son officier d'ordonnance, le lieutenant Froidefond, étaient tombés frappés à mort. Comme lui, à la tête de leurs troupes, étaient tombés les colonels Drouhot, du 65ᵉ de ligne, et de Chabrière, du 2ᵉ régiment étranger.

» D'un autre côté, les divisions Vinoy et Renault faisaient des prodiges de valeur sous les ordres du maréchal Canrobert et du général Niel. La division Vinoy, partie de Novare dès le matin, arrivait à peine à Trecate, où elle devait bivouaquer, quand elle fut appelée par l'Empereur. Elle marcha au pas de course jusqu'à Ponte di Magenta, en chassant l'ennemi des positions qu'il occupait et en lui faisant plus de 1,000 prisonniers ;

mais, engagée avec des forces supérieures, elle eut à subir beaucoup de pertes : 11 officiers furent tués et 50 blessés ; 650 sous-officiers et soldats furent mis hors de combat. Le 85ᵉ de ligne eut surtout à souffrir : le commandant Delort, de ce régiment, se fit bravement tuer à la tête de son bataillon, et les autres officiers supérieurs furent blessés. Le général Martimprey fut atteint d'un coup de feu en conduisant sa brigade.

» Les troupes du maréchal Canrobert firent aussi des pertes regrettables. Le colonel de Senneville, son chef d'état-major, fut tué à ses côtés ; le colonel Charlier, du 90ᵉ, fut mortellement atteint de cinq coups de feu, et plusieurs officiers de la division Renault furent mis hors de combat, pendant que le village de Ponte di Magenta était pris et repris sept fois de suite.

» Enfin, vers huit heures et demie du soir, l'armée française restait maîtresse du champ de bataille, et l'ennemi se retirait en laissant entre nos mains quatre canons, dont un pris par les grenadiers de la garde, deux drapeaux et sept mille prisonniers. On peut évaluer à vingt mille environ le nombre des Autrichiens mis hors de combat. On a trouvé sur le champ de bataille douze mille fusils et trente mille sacs.

» Les corps autrichiens qui ont combattu contre nous sont ceux de Klam-Gallas, Zobel, Schwartzemberg et Lichtenstein. Le feld-maréchal Giulay commandait en chef.

» Ainsi, cinq jours après le départ d'Alexandrie, l'armée alliée avait livré trois combats et gagné une bataille, débarrassé le Piémont des Autrichiens et ouvert les portes de Milan. Depuis le combat de Montebello, l'armée autrichienne a perdu 25,000 hommes tués ou blessés, 10,000 prisonniers et 17 canons.

CHAPITRE VIII.

Bataille de Magenta.

Mais c'est le lendemain, 4 juin, que la bataille de Magenta est venue enrichir nos fastes militaires d'un nom et d'une date qui brilleront à l'égal d'Austerlitz et de Marengo.

Plus de 150,000 Autrichiens fondirent sur le centre de l'armée alliée, et la garde impériale eut à soutenir ce choc terrible pendant plus de deux heures. L'ennemi n'ayant pu l'entamer voulut tourner l'aile gauche, mais il fut tourné lui-même à sa gauche par une admirable manœuvre du général de Mac-Mahon, et à sa droite par le général Niel. Alors sa défaite ne fut plus qu'une déroute : 20,000 hommes ont été mis hors de combat; 7,000 prisonniers, 4 canons, 2 drapeaux et 4,000 sacs sont tombés dans nos mains. La route de Milan était libre; l'ennemi épouvanté s'est retiré sur l'Adda, où il est protégé par des places fortes. L'armée victorieuse s'est avancée sur la capitale de la Lombardie, qui n'avait pas attendu la victoire de Magenta pour se soulever. Une députation de la municipalité est venue offrir au roi de Piémont, en présence de l'Empereur, la souveraineté de la Lombardie.

Le 1er juin, l'Empereur des Français et le roi de Sardaigne ont fait leur entrée solennelle dans la capitale de l'ennemi, à Milan.

Maintenant la parole est aux spectateurs :

« Le champ de bataille de Magenta n'a pas plus de deux kilomètres d'étendue. C'est une plaine sillonnée d'arbres, de vignes, de haies, et dans laquelle l'artillerie et la cavalerie ne peuvent jouer qu'un rôle très secondaire. Aux arbres, aux vignes, aux haies et aux fossés qui entourent les champs, s'ajoutent des inégalités de terrain dont l'infanterie seule peut tirer profit.

» J'ai visité tout ce terrain piétiné par l'ennemi. Il ne reste plus aujourd'hui que des lambeaux d'uniformes; mais ces derniers vestiges attestent encore toute l'énergie de la lutte. Des arbres brisés par les boulets et par les balles, des champs de blé littéralement fauchés, des plants de vigne hachés montrent jusqu'où a pu aller l'acharnement des combattants.

» Aujourd'hui les corps sont enterrés, mais les fosses se rencontrent de dix pas en dix pas. Tous les morts sont confondus. Pourquoi n'avoir pas fait de distinction ? se demandait-on. Un soldat me l'a dit : « Amis et ennemis, tous se sont bien battus ! » Une sépulture commune a reçu les défenseurs des deux drapeaux.

» Dans le village de Magenta, chaque maison était occupée par détachements de 100 à 200 hommes. A tous les étages, les murs étaient percés de créneaux, et les hommes qui n'avaient pu trouver de place dans les chambres et jusque sur les toits, s'étaient enfouis dans les caves pour y attendre nos soldats, ou tirer dans les rues par les soupiraux.

» La plupart de ces maisons ont été dévastées. Les meubles servaient à faire des barricades ; par les fenêtres, on jetait les chaises, les fauteuils et jusqu'aux rampes d'escalier, avec les pierres dans lesquelles étaient scellées les tringles de fer. Chacune de ces maisons a demandé un siége régulier. Le succès obtenu par nos soldats n'aurait rien qui doive étonner, si à cette défense énergique de l'ennemi nous avions pu opposer, avec la supériorité du courage, la supériorité du nombre. Mais on ne comprend pas qu'avec des forces aussi inférieures, la prise de Magenta ait pu couronner la lutte engagée dans la plaine.

» Pour vous montrer, d'ailleurs, que je n'exagère rien de la résistance des troupes autrichiennes, je puis vous citer quelques faits. Le premier méritera d'être rappelé. Dans le train qui m'a conduit hier à Milan se trouvait un

capitaine autrichien fait prisonnier à Magenta. Cet officier avait 300 hommes ; c'est de lui que je tiens ces détails. Avec ses 300 hommes, il a pris part à l'affaire de Boffalora et fait cinq zouaves prisonniers. Puis il s'est retranché dans une maison de Magenta, et là il a tenu contre les soldats de la division La Motterouge jusqu'à ce qu'il ne comptât plus auprès de lui qu'un jeune sous-lieutenant et un soldat. Désespéré alors de l'inutilité de sa résistance, il est descendu dans la rue, cherchant la mort de tous côtés. Les balles lui ont sifflé aux oreilles ; près de lui a éclaté un obus, et aucun projectile ne l'a atteint : « J'attendais la mort, me disait-il, je la voulais ; tous mes soldats n'étaient plus, je n'avais qu'à mourir ! Mais rien. » Alors, il s'est retranché de nouveau dans une maison, et c'est là que nos soldats l'ont trouvé avec son dernier soldat et son sous-lieutenant. Désarmés tous deux aussitôt, ils ont été conduits à un officier général dont ils ne savent pas encore le nom, et cet officier général a donné l'ordre que leurs épées leur fussent rendues : « Vous vous êtes assez bravement conduits, a-t-il dit, pour garder votre épée ; je vous la rends. »

» Et, en effet, le capitaine avait son épée. La conduite du général français l'a ému jusqu'aux larmes : « Si quelque chose, me disait-il, pouvait me consoler dans mon malheur, ce serait assurément la générosité si chevaleresque des officiers français ! »

» Ce capitaine autrichien a vingt-trois ans de service. Il parle très-bien français, et je tiens de lui des renseignements très-curieux. Il m'a appris, par exemple, qu'il n'y avait pas en France un général qui ne fût connu en Autriche, « car le courage français et la science de nos officiers sont partout populaires. » On sait aussi dans l'armée autrichienne tous les égards que l'Empereur a eus pour les prisonniers depuis le commencement de la guerre. « Eh quoi ! lui ai-je dit, vos chefs ne vous ont pas caché les prévenances de l'Empereur à l'égard des officiers pris par nos zouaves à Palestro ? » — « Nous savons tout par un journal ou par un autre, m'a-t-il répondu ; aussi, quand la résistance devient impossible, notre seule joie, dans ce moment terrible, est de voir en face de nous un soldat français. Lui rendre notre épée, c'est la rendre à la France, et la France a trop le sentiment de l'honneur militaire pour ne pas respecter le courage malheureux. »

» Ces paroles sont textuelles. Ai-je besoin de vous dire combien j'étais heureux de les entendre ? Il est vrai qu'il est impossible que les prisonniers tombés en notre pouvoir ne reconnaissent pas tout ce qu'on fait pour eux. Pour les soldats, on a des soins extraordinaires ; nos officiers songent tout d'abord à nourrir ces malheureux, qui sont pour la plupart exténués. C'est à ce point que, hier encore, j'ai vu jeter, par un voltigeur de la garde, un pain dans un wagon de blessés. Tous ces blessés semblaient à demi morts ; mais la faim était plus vive chez eux que la douleur, et quand ils ont aperçu le pain, tous ont trouvé la force de se soulever et de déchirer de leurs doigts décharnés l'offrande du voltigeur.

» Après la prise du village de Magenta, on n'a pas cessé, pendant trois jours, de faire des prisonniers. L'armée autrichienne, en fuyant, n'avait pas emmené tous ses soldats. Des hommes désarmés et des blessés ont été trouvés dans des caves, et, hier, j'ai vu retirer des caves de la station du chemin de fer deux pauvres diables, l'un blessé à la tête, qui, depuis quatre jours, n'avaient pris aucune nourriture. Tous nos soldats sont accourus, l'un avec du café, l'autre avec du vin, un troisième avec du pain, et les deux prisonniers, qui serraient et embrassaient toutes les mains tendues vers eux, ont été secourus avec une charité et un empressement dont vous ne vous faites pas d'idée.

» Les Autrichiens se montrent quelquefois surpris des prévenances qu'on a pour eux : c'est que des bruits sinistres ont été répandus parmi eux ; chez les soldats, par exemple, la croyance générale est que les prisonniers sont fusillés et les blessés achevés. Une telle croyance est affreuse, mais elle est si profondément enracinée que beaucoup de soldats ne font de résistance, quand un premier coup les a atteints, que parce qu'ils sont convaincus qu'une mort terrible les attend. Je vous ai déjà parlé, du reste, de cette déplorable croyance, et l'état misérable dans lequel se trouvaient les deux soldats retirés des caves de la station en est le résultat. Du fond de leur retraite, ils entendaient décharger les fusils autrichiens ramassés sur le champ de bataille, et chaque coup qui retentissait augmentait leur frayeur. Is comptaient les morts !...

» Je voudrais pouvoir vous citer quelques faits particuliers accomplis par nos soldats; mais le moyen de distinguer, au milieu de la mêlée d'une bataille, tous les dévoûments et tous les courages ? Rien ne sera perdu cependant. L'Empereur s'enquiert d'ailleurs de tout, et de nombreuses récompenses seront distribuées aux régiments composant les corps d'armée des maréchaux de Mac-Mahon et Regnauld de Saint-Jean-d'Angély. Les soldats acceptent déjà, du reste, pour une récompense personnelle, les hautes distinctions dont les vainqueurs de Boffalora et de Magenta viennent d'être l'objet.

» L'établissement du quartier impérial à Magenta offrait le coup d'œil le plus pittoresque. La maison où l'Empereur a pu trouver place n'était qu'une masure délabrée, dans une salle de laquelle on a placé à la hâte quelques matelas pour Sa Majesté et ses aides-de-camp. Les habitants du village, dispersés pendant la bataille, sont accourus au-devant de l'Empereur, et nos soldats ont entendu là les premières acclamations qui doivent retentir dans l'Italie autrichienne.

» Dans la journée d'avant-hier l'Empereur a vu défiler devant lui les régiments qui devaient poursuivre leur marche vers Milan, par la route qu'avait éclairée le corps d'armée du maréchal Canrobert. Sa Majesté a été saluée avec enthousiasme; elle parlait aux officiers, et j'entends encore l'Empereur, s'adressant au commandant d'un des régiments de la garde qu'il

croyait blessé à Boffalora : « Non, Sire, je n'ai rien ! » a répondu le colonel d'un ton qui montrait que cet officier regrettait de n'avoir pas partagé le sort d'un grand nombre de ses soldats. Et l'Empereur de lui répondre : « Ce n'est pas votre faute, colonel ! » Tous les soldats ont entendu ce colloque.

» Avant de quitter Magenta pour prendre place dans le chemin de fer de Milan, j'ai dû acheter en quelque sorte la faveur de monter dans le convoi. Il m'a fallu assister à l'embarquement des blessés autrichiens envoyés à l'hôpital de Milan, entourés de précautions prises par nos soldats.

» Tous les prêtres des villages voisins étaient venus se mettre à la disposition du quartier-général. Sur leurs vêtements noirs se détachait une cocarde de rubans rouges, blancs, bleus et verts. C'était le signe de leur adhésion au mouvement politique qui chassait les Autrichiens de la Lombardie.

» Presque tous les blessés étaient déjà montés dans les wagons, quand deux voltigeurs de la garde, qui portaient un brancard, furent obligés de s'arrêter sur la voie. Le brancard portait un capitaine hongrois dont les deux cuisses avaient été brisées par un boulet. Un prêtre accourt; le blessé rendait l'âme.

» Près du brancard on voyait un soldat prisonnier, qui voulait rendre les derniers devoirs à son capitaine. Le prêtre s'est penché sur le mourant et a prononcé des prières. Tous les assistants, la tête découverte et à demi agenouillés, ont répété la prière du prêtre.

» Non loin de là, des artilleurs déchargeaient les fusils ennemis. On eût dit que c'était le salut de nos soldats à l'officier mourant... Et quand les prières ont cessé, le prêtre a pris les mains du capitaine...

» Nous traversons le Pô au-dessus de Casale : c'était une première ligne des Autrichiens ; pourquoi ne la défendent-ils pas ?

» Le bruit d'une bataille prochaine se répand : les Autrichiens veulent défendre la Sésia. Bonne nouvelle. Suivant mon habitude, je vais visiter l'église dominicaine de Popolo : des soldats y priaient devant la Vierge. — Ne ris pas. — Dans quelques jours, ceux qui prient seront bien tranquilles au feu.

» La garde tourne par Trino vers Vercelli. Fondée par les Etrusques, métropole de Casale, Trino a une fort belle église, où l'on présente encore à l'adoration des fidèles le corps entier de la bienheureuse Corelli, fille d'un duc de Mantoue. C'est aussi à Trino qu'a été imprimée la première édition du Tasse.

» Voici Vercelli : à 2 lieues, Victor-Emmanuel a battu les Autrichiens, vers Palestro. Le 3ᵉ zouaves a enlevé 8 pièces de canon. La Sésia est libre.

» Voici Novare : les habitants allaient, à neuf heures, payer une énorme réquisition. L'armée française débouche à sept.

» Grande réjouissance. Les fleurs pleuvent.

» Novare a un beau collège : celui de Henri IV n'est pas brillant auprès. Le gymnase est complet. — Deux belles églises. — Mais, chut ; voici le canon. Il tonne sur le Tessin en avant de Tre-

cate. — On part. — On arrive à Trecate : Plus d'Autrichien. — Il a déjà fui.

» Le 4 juin, au matin, nous partons de Trecate vers le pont de Boffalora ; à 600 mètres de ce pont, une hauteur : halte ! Un bataillon du 3ᵉ grenadiers est passé ; on voit au loin, de l'autre côté de la rivière, sa masse noire, immobile, en face des batteries de l'ennemi. Qu'attend-on ? la possibilité de franchir le pont.

» A gauche , quel beau ruisseau ! Combien s'y sont endormis qui deux heures plus tard n'étaient pas à nos côtés. Chut : voici l'Empereur. Défense de crier. Nous saluons en silence... Un aide de camp accourt. En avant ! les zouaves. Nous franchissons le pont. L'Empereur est là, avec sa cigarette habituelle.

» Il nous observe. « En avant ! Prenez garde au canal, dit-il. » — La position lui est donc bien connue ! A 200 mètres nous mettons sac à terre, et nous nous jetons à droite de la route, en arrière du 3ᵉ grenadiers ; nous ne sommes que trois compagnies de droite, le reste suit la route.

» Mon pauvre commandant de Bellefonds, impatient, haletant, monte sur une hauteur et voit les mouvements des grenadiers. « Ils montent, ils montent à la redoute, » s'écrie-t-il (ce sont les fortifications naturelles des déblais du chemin de fer qu'il s'agit d'emporter). « Ils enlèvent la position : bravo ! bravo ! en avant ! en avant ! » Et les compagnies s'ébranlent. les balles pleuvent. — En avant ! en avant ! Pas de course ! A notre tour, nous occupons la position. L'ennemi veut établir de l'artillerie : enlevons-le à la baïonnette. Le canal est franchi ; nous voilà dans les vignes. Mon pauvre commandant tombe : il avait trop de joie ! on veut l'enlever. « Les Autrichiens approchent, dit-il, en avant ! en avant ! » et il retombe. Le soir seulement, on a pu l'emporter.

» Mais l'ennemi en masses serrées nous cerne : nous voilà de nouveau dans la position. Les Autrichiens hésitent. « En avant ! en avant ! à la baïonnette ! « Ces cris répétés par deux cents voix effraient l'ennemi. En avant ! en avant ! le pont est encore franchi : ce n'est plus une marche à l'ennemi, c'est une course. « Ce ne » sont pas des soldats, » disait un officier autrichien prisonnier, « ce sont » des démons. » En avant ! en avant ! — Les balles, la mitraille, les boulets sifflent : en avant ! en avant ! Le général Cler, le bon, le brave, est tombé : — oh ! — en avant ! en avant ! enlevons le village à la baïonnette, nous en sommes à 500 mètres.

» Sais-tu ce qu'est le village à enlever par ces 250 zouaves ? c'est Magenta, le point objectif de la bataille ; c'est le quartier-général de Giulay, c'est 20,000 hommes. Trop avancés, nous voyons de toutes parts des masses serrées nous cerner ; le canon gronde ; il faut battre en retraite et revenir à la position du canal. Là, nous nous comptons : généraux, officiers, soldats, tous se regardent, on se demande les blessures : il y a trois heures que seuls nous soutenons le feu de toute la gauche de l'armée autrichienne, le reste des grenadiers et notre 2ᵉ bataillon donnant sur leur droite.

» Plus tard nous avons vu que devant nous étaient plus de 80,000 hommes. Voici les têtes de colonnes de Canrobert qui débouchent : le 8ₑ bataillon de chasseurs, le 6ᵉ, le 52ᵉ, le 23ᵉ à leur tour. On nous appelle vers le pont : là, après une ondée plus que rafraîchissante, ma compagnie et la 2ᵉ vont encore en avant : cette fois sur la droite, à un village dépendant de Magenta. Les Autrichiens sont débusqués et jetés dans le canal. Il est huit heures et un quart, les colonnes d'infanterie arrivent. Nous revenons au Ponte Nuovo di Magenta. Le canon s'éloigne de minute en minute. Mac-Mahon a chassé Giulay de Magenta. Vive l'Empereur ! Vive la France !

» Mon ami Pierre, j'ai voulu te donner une idée de ma première bataille, tu aurais tort d'y chercher le plan complet de cette victoire. Ce n'est que l'attaque de droite du pont de Magenta et du canal (Naviglio grande) vers le chemin de fer. — Quant à mes impressions : il faut avoir l'haleine longue pour galoper avec des zouaves. Les Autrichiens ont une peur ridicule de la baïonnette ; ils n'ont aucun fanatisme, sauf peut-être les Croates, qui, plus bêtes et plus cruels, ne sont pas plus courageux. Leurs officiers sont distingués, pleins d'élégance. Ils ont le tort, par l'uniformité du costume et le peu d'insignes, de chercher à se confondre avec les soldats, tandis que les nôtres s'en distinguent de manière à s'exposer peut-être beaucoup trop.

» Tu verras les prisonniers : infanterie ordinaire, bonnet bleu à oreillons, pantalon bleu, sorte de justaucorps en toile grise pour l'action, en drap blanc à parements et collet rouges, jaunes, verts, pour les grandes tenues. Les Croates ont le pantalon collant brodé, la veste brune. Les grades se distinguent ainsi : premier soldat, une étoile en laine au collet; caporal, deux étoiles; sergent, trois étoiles en laine. Officiers, le même ordre, en argent. Officiers supérieurs, collet brodé. Mais, à tous, cette sorte de tunique courte, grisâtre; par-dessus, une grande capote très-ample en laine grise.

» Le 5 juin, c'était une assez singulière chose de voir tous ces uniformes traînant dans les camps. Puis une vilaine mission : enterrer les morts ! vainqueurs et vaincus, bien entendu.

» L'opération générale te sera indiquée par les documents officiels : moi, pauvre sergent-major, tu comprends bien que je ne veux pas m'aventurer à des explications qui pourraient être fausses, et surtout à des jugements qui ne manqueraient pas d'être erronés. L'Empereur est content, et il s'est exposé de façon à se faire dire par mon tambour qu'il était trop avancé ; une minute plus tard une balle sifflait très-près de ses oreilles. Il est admirable de sang-froid, et il fait bien exécuter les mouvements.

» Pour la bataille, une mise en scène assez singulière, c'est, au village de droite, une peinture représentant la Vierge tenant le cadavre du Christ.

Le peintre villageois avait admirablement pris la couleur du cadavre ; et il était touchant de voir au pied de cette image grossière un bel officier autrichien, au moins aussi beau, aussi pâle, étendu de même. Cette remarque me frappa au point de me faire tout à fait oublier pendant quelques secondes le sifflement fort désagréable qui m'environnait.

» Enfin nous sommes partis le 8 et arrivés à Milan par l'arc de triomphe, au milieu des fleurs, des drapeaux, d'une foule heureuse et reconnaissante.

» Les femmes, si belles ici, souriaient en frappant des mains, les hommes saluaient, et le doux *e viva !* des enfants nous accueillait de toutes parts. Milan est trop connu, trop exploré pour que je me permette aucune tartine à son endroit. Seulement l'admirable cathédrale a un défaut que je te rappelle, c'est que les prétendues sculptures du dôme, à l'intérieur, ne sont que des grisailles, remarquables trompe-l'œil, du reste.

» Voilà où nous en sommes. Demain 12, nous partons vers Brescia. Si Dieu me prête vie, je t'écrirai encore... en ami.

» Montre seulement cette lettre à ta mère, à qui je n'ai écrit que le soir de la bataille, deux lignes ; dis-lui mille affectueuses paroles, et crois toujours à l'affection de ton vieux camarade. »

FIN DE LA PREMIÈRE SÉRIE.

IMPRIMERIE DE BEAU, A SAINT-GERMAIN-EN-LAYE.

www.ingramcontent.com/pod-product-compliance
Lightning Source LLC
Chambersburg PA
CBHW070912280326
41934CB00008B/1695